U0067177

學校輔導中的
焦點解決短期諮商
第三版

Brief Counseling That Works

Third Edition

Gerald B. Sklare　著

許維素、陳宣融　譯

Brief Counseling That Works

A Solution-Focused Therapy Approach
for School Counselors and Other
Mental Health Professionals

Third Edition

Gerald B. Sklare

目次 CONTENTS

作者簡介
ABOUT the AUTHOR

Gerald B. Sklare 博士是一位持照專業臨床諮商師（Licensed Professional Clinical Counselor, LPCC），曾擔任美國肯塔基州路易斯維爾大學教育與諮商心理學系三十多年的教授。他的學歷為教育學士、諮商碩士，以及密西根州底特律市的韋恩州立大學諮商教育博士。他曾任教於美國密西根州底特律市的貧民區小學、沃倫市的中學，以及日本福岡板付地區的高中，也曾在密西根州法明頓希爾斯中學擔任學校諮商師七年。他接受了焦點解決取向創始人 Steve de Shazer 與 Insoo Kim Berg，以及 John Walter 與 Scott Miller 的 SFBC 訓練。他在美國和各國帶領了超過 150 場 SFBC 工作坊，在學校場域或於私人執業時也都運用 SFBC 此一取向進行工作。

譯者簡介
ABOUT the TRANSLATORS

許維素

學歷 | 國立臺灣師範大學教育心理與輔導學系博士

現任 | 國立臺灣師範大學教育心理與輔導學系教授

經歷 | 《中華輔導與諮商學報》（TSSCI）主編

《教育心理學報》（TSSCI）副主編

Journal of Solution Focused Brief Therapy 籌備委員及編輯委員

台灣輔導與諮商學會常務理事、理事及學校輔導小組召集人

國立暨南國際大學輔導與諮商研究所副教授兼家庭教育中心主任

國立暨南國際大學教育學程中心助理教授兼行政組長

臺灣焦點解決中心顧問（設於國立中壢高中輔導室）

臺灣、中國大陸、馬來西亞、新加坡焦點解決短期治療訓練講師與
督導

國立臺灣師範大學、國立暨南國際大學、淡江大學、耕莘健康管理
專科學校等學生輔導中心督導

臺北市小學與新北市國中專輔教師團督導，以及臺北市、桃園縣、
新竹縣高中輔導教師團督導

台灣世界展望會、家扶中心、少年之家、張老師中心、生命線
SFBT 訓練師與督導

焦點解決短期治療荷蘭阿魯巴島 2007 國際研討會籌備委員

證照｜2002 年諮商心理師高考合格

榮譽｜2010 年榮獲國立臺灣師範大學教學卓越教師獎

2011 年榮獲台灣輔導與諮商學會傑出服務獎

2011 年榮獲臺灣教育學術團體聯合年會優良教育人員服務獎

2012 年 8 月～2013 年 6 月榮獲學術交流基金會傅爾布萊特資深學者赴美研究獎助

2013 年 11 月榮獲美加地區「焦點解決短期治療協會」（Solution-Focused Brief Therapy Association）「紀念 Insoo Kim Berg 卓越貢獻訓練師獎」（The Insoo Kim Berg Memorial Award for Significant Contributions to Training）

2014 年 9 月榮獲台灣輔導與諮商學會傑出人員木鐸獎

2014 年 11 月榮獲臺灣教育學術團體聯合年會優良教育人員木鐸獎

2015 年美加焦點解決年會亞洲經驗代表：閉幕演講與研究日嘉賓

2018 年 4 月獲邀為美國陶斯（The Taos Institute）後現代學院院士

陳宣融

學歷｜國立臺灣師範大學教育心理與輔導學系碩士

美國密蘇里大學教育、學校和諮商心理學系碩士

現任｜臺北市學生輔導諮商中心心理師

證照｜2016 年諮商心理師高考合格

焦點解決諮商學習經驗｜接受相關課程訓練超過 300 個小時

作者序

PREFACE

　　本書對於如何對青少年應用焦點解決短期諮商（solution-focused brief counseling, SFBC）提供了非常步驟化的說明，學校諮商師想必能快速地與書中呈現的典型學生議題產生連結。由於 SFBC 的每個要素或步驟都能獨立行使於各種場域以及學校情境中，相信教師們閱讀本書時也會從中獲益。其他與青少年工作的專業人士，如心理學家、社會工作者、婚姻與家庭諮商師、教牧諮商師、具證照的專業諮商師以及藥物成癮諮商師等，也能在本書中看到與其專業相關的工作方法及個案研討。

　　SFBC 相當適合學校及心理健康專業使用，由於眾多的個案量，學校諮商師及其他心理健康實務工作者具有的時間往往不足以提供學生長期性的傳統諮商。較之以往，今日的心理健康專業人員更需要一個短期但有效、適用於多元議題的諮商取向。

　　本書企圖精簡化；關於相關理論與研究僅扼要討論，因為實務應用才是本書的要旨。我希望引導讀者在閱讀本書時可以一次學習一個步驟，包含前四章結尾及附錄 A、附錄 B 的實務練習活動皆是如此。我也盡可能在書中提供 SFBC 應用於兒童與青少年的必要知識。

一　本書內容綜覽

　　本書奠基於 SFBC 取向創始者 Steve de Shazer（1985）的貢獻。de

Shazer 發現，藉由把焦點放在解決之道上而非問題本身時，當事人會比接受傳統諮商取向者好轉得更快。此模式隱含著一個信念：當事人不會總是被其問題所擊敗。事實上，解決之道是存在的，即使它們或許尚未被確認。藉由再次發現自己的資源，當事人會被鼓勵重複複製過去的成功經驗。正是如此簡易的哲理，這個過程會展現出力量與賦能的動力，讓當事人能夠快速解決那些令他們前來諮商的難題。

本書第一章呈現 SFBC 之背景、研究、基本原理與原則，同時凸顯出 SFBC 技巧在和不同文化背景的學生工作時能行之有效的理由。第一章最後的練習活動帶領你親自體驗「解決導向」問句以及「問題導向」問句的不同效果。

第二章示範了如何向當事人說明焦點解決諮商的進行，以及如何催化此模式中初始目標設定的階段任務。一步步的程序能讓你準備好幫助學生，具體行為化地確認為了達成目標所需要採取的行動。在「奇蹟問句」段落，你會學習到如何幫助當事人描繪出「如果問題消失了，他們的生活看起來會是什麼樣子」的心理圖像，來協助他們探索目標。第二章最後的活動，是關於目標設定的練習；並且提供一個機會，讓你親自體驗奇蹟問句如何能幫助你處理一個你想要克服的問題。

第三章的內容主要在說明，你可以如何幫助當事人確認出之前未被辨認的成功事例和困難中的例外。你將學習到透過「振奮式引導」，對當事人改善處境的微小成功步驟予以增強，來鼓勵當事人。第三章也涵蓋「評量技巧」的介紹，讓當事人除了能用來評估現在所處的位置外，也能評估朝向目標邁進的程度。在每次會談的尾聲時，當事人會得到讚美、橋梁陳述及任務所組合而成的訊息；本章也將詳細說明這些組成訊息的要素。此外並有練習活動，讓你有機會應用這些諮商步驟來處理自己的個人情境。

　　第四章探討了 SFBC 初次晤談的要素，並提供我與一位真實當事人的晤談逐字稿，讓你看見第二、三章所介紹的歷程如何完整的展現。第四章也提供了一份流程圖及一張紀錄單，幫助你於實行 SFBC 時不會偏離。最後，第四章提供機會讓你練習針對書中所呈現的案例撰寫訊息，並配合附錄B來練習於整次晤談中應用 SFBC 的處遇方法。

　　第五章介紹如何進行濃縮的 SFBC 諮商晤談，也提供一份流程圖和紀錄單幫助你實行此一歷程。當諮商師及其他心理健康實務工作者僅有20至25分鐘的時間能與當事人工作時，便十分適合應用此濃縮版。

　　第六章說明進行 SFBC 第二次及後續晤談時能使用的處遇方法，亦即如何處遇當事人自前次會談後所經驗到的成功或挑戰。本章也討論在第二次及後續晤談中，如何使用評量問句的處遇方法來判讀當事人的進步，以及如何應用訊息來增強當事人繼續行動，在達成目標的軌道上持續前進。

　　第七章介紹如何幫助非自願及強制來談的當事人成為合作的諮商「消費者」。同時也對特別困難的情境提供了具體的處理建議，以及可以嘗試使用的技術細節，而能將原本特別困難的情境轉變為可以進行工作的目標。

　　第八章描述了八種焦點解決取向的變換應用方式。本章介紹了十秒鐘「諮商」、焦點解決轉介單的使用、如何結合玩偶與沙盤使用 SFBC，也詳細介紹了 SFBC 的觀點與技術如何具體應用於小團體、整個班級、親師會議及引導式心像（guided imagery）團體活動中。

　　附錄 A 的練習活動，為如何將不明確的目標加以細節化提供了答案。附錄 B 包含了一次完整的諮商晤談對話，讓你有機會練習使用 SFBC 處遇方法，並對照你原先使用的方法和 SFBC 處遇方法的差別。附錄 C 則包含了詳細的焦點解決引導式心像之團體活動指導語，以及可放大影印以

供活動參與者使用的手冊資料。

二 本版的不同

自從 2005 年《學校輔導中的焦點解決短期諮商》（此指原文書第二版）問世之後，將焦點停留在解決之道的價值，因出現了許多令人興奮的發展而變得更清晰。尤其，這一版（原文書第三版）引用了關於焦點解決諮商與治療有效性的最新研究，強調更多新的 SFBC 變化與應用範疇，也提供了新工具來幫助實務工作者。

呈現在本書的 SFBC 模式並非一個停滯不變的歷程。在本書前一版出版後的幾年中，透過我個人的實務經驗以及其他實務工作者的慷慨分享，新的策略與訣竅已開始為人所知。這一版中，我以相信有助於使 SFBC 模式更具效用的方式，將這些新策略與新技術納入書中。此外，也擴大書中案例所涉及的範疇，含括了一個來自心理健康機構情境的案例研討。當我在學校以外的心理健康場域進行更多培訓，便有許多心理健康專業人士與我分享他們應用 SFBC 模式的經驗；而本書也由於他們的成功經驗分享而更加豐富。

創建良好界定的目標是 SFBC 成功的關鍵所在。目標釐清了當事人想要達成的具體事項——成功看起來會是什麼樣貌。最簡單的講法是，若你要擁有到達某處的可能性，你便必須知道自己要前往的是何處。這一版特別強調目標的核心重要性，擴充第二章「設立目標」部分的撰寫篇幅；對於你詢問「我如何幫上你的忙？」「你對我們會談最大的期望是什麼？」時當事人可能給予的各種反應，都加入更多如何處遇以助其朝向目標設定的訣竅。事先得知當事人可能會有的反應類型，並預備好如何回應它們，將能減低你「卡住」於難以決定採用何種處遇方法的機率。

　　因為受限於時間，學校諮商師被期待要能以更短的時間來進行 SFBC 晤談。本版新增的第五章更加詳細地介紹 SFBC 的濃縮版本。這個濃縮版特別有助於具有高個案量的學校諮商師，使其能在僅有的 20 至 25 分鐘裡與學生進行諮商。對於在機構內自費前來晤談的當事人來說，濃縮版的晤談花費會比傳統 50 至 60 分鐘的晤談花費為少，也更負擔得起。第五章也呈現了特地為濃縮版設計的流程圖及紀錄單，此一新的晤談工具可重複列印使用。同步使用這份流程圖及紀錄單，將協助你在 SFBC 濃縮版晤談的歷程中不會偏離。

　　由於時常發現被送來見你的當事人並不情願前來，本版對於如何應用 SFBC 原則來與非自願當事人工作提出了更多的建議。對學校諮商師而言，經常會遇到學生因為搗亂或違反校規的行為，而被強制諮商以代替停學或其他違紀處分；因而，這一版也包含了與強制來談學生工作的獨特處遇建議。

　　這麼多年來，我和許多參加過我訓練工作坊的實務工作者，以及其他焦點解決諮商領域的同事們一直保持聯繫。看到大家以不同的方式將 SFBC 技術適用於各種不同的情境與場域中，是一件特別令人興奮的事。本版第八章介紹了數種新的 SFBC 應用方式，包括應用於沙盤與玩偶，以及親師會議中。在 SFBC 晤談中加入沙盤的運用，能成為另一個有用的工具，提供你於心理健康場域及學校中與孩童工作時使用。而在親師會議中應用 SFBC 的方法，將創造出一個正向、目標導向的架構，從中幫助家長與教師雙方更有效地協助學生。第八章還介紹了如何以不同方式應用 SFBC 於小團體的範例。

三 誰能從本書中獲益

本書是為學校諮商師、心理健康專業人員，以及教導心理健康專業的大學教授所設計的。本書意在提供步驟化的指導說明並搭配案例的呈現，使你能獲得運用 SFBC 取向所需之技巧。當你覺得「被卡住」以及想活化 SFBC 歷程的知識時，本書也可作為快速的參考指南。

能在短時間內看到當事人正向改變的具體事實，對於擁有眾多個案量的你乃具有相當重要的益處，對於學校來說更是如此。由於這個改變模式聚焦在解決之道上──而非問題與歷史本身──諮商於是變得較為短期，成功也易於快速來臨。

心理健康諮商師、心理學家、社會工作者，特別是在機構場域中工作的你們，將可從本書中受惠。本書提供了與各類當事人（包含兒童、青少年及成人）工作時的諮商架構，並且是以一種有效率、有效用且正向的方法來進行。藉由將焦點聚焦在當事人的成功經驗而非問題上，實務工作者表示自己在一天工作結束時是感到充滿精力和希望的。

大學中的諮商教育者都表示，他們發現本書前兩版對於教導學生 SFBC 是很有效用的，也深受學生喜愛。據了解，於 2013 年 11 月時已有超過 148 所高等教育機構採用了本書第二版來進行教學。幾位教授也指出他們的學生很感謝有本書的出版。特別是有位教授告訴我，在他學校諮商課程中的學生發現，作為學校諮商師，本書相當能在實務上幫助他們預備即將面臨的種種挑戰。他的學生也提到，與大部分必修的心理健康理論專書相比，他們特別喜愛這一本強調實務應用並有案例說明的書籍。

盼望這本新版書對於學校諮商師與其他心理健康專業人員能提供更大的幫助，使他們能在各種場域服務當事人時發揮莫大的專業效益。

致謝詞

ACKNOWLEDGMENTS

　　雖然我的姓名呈現在本書封面，註明著我是作者，但若我沒有從 Steve de Shazer、Insoo Kim Berg、John Walter 與 Scott Miller 獲得如此良好的 SFBC 訓練，這本書是不可能完成的。同時，Anne Domeck 花費了無數時間將原稿的頁面章節都編輯得簡潔明瞭，對於這樣重要的貢獻，我的感謝無法言喻。Domeck 讓本書的內容可讀易懂；更重要的是，她作為我們的夥伴，提出了許多對於 SFBC 模式的洞見，影響本書此版本做出了許多修訂。她也參與了我帶領的工作坊，對於 SFBC 取向具有十分扎實的理解，當你在閱讀本書時將明顯看出這一點。

　　Mona Cattan Lewis 對 SFBC 深具興趣，十分感謝她將案例研究的逐字稿從影片中謄寫出來。也要謝謝許多我所帶領工作坊中的參與者，謝謝你們學習新事物的熱忱與意願，特別是本書所提及，將焦點解決諮商創意應用在團體工作中的 Margaret Cavitt、Jed Turner 與 Diane Nichols。我也感激 Don Nims 與 Letitia Holland-Cundiff 貢獻出他們將玩偶應用於 SFBC 的經驗，而 Holly McBrayer 及 Julia Chibbaro 將焦點解決方法結合於沙盤的獨特應用、Russ Sabella 將 SFBC 技術創新應用於親師會議，皆是這一版新增的可貴資料，也是令我至為感謝之處。

　　我還要謝謝許多我用此理論取向與之進行諮商的學生，他們的故事帶著希望，充滿在這本書的頁面中。他們使我成為一個更好的諮商師和教育

者，我的生活也一直受他們的成功經驗所激勵。

我要將這本書獻給我的孩子們：Brad、Courtney、Seth。最為感激的
人，莫過於我的妻子 Anne。妳對我無條件的鼓勵、同理與理解，才讓本
書新版本的問世成為可能；我要將此書獻給妳。

譯者序
TRANSLATOR'S PREFACE

　　上一次寫《學校輔導中的焦點解決短期諮商》這本書的序，竟然是十多年前了。除了驚訝時光飛逝之外，更感謝心理出版社呼應著臺灣讀者對本書的喜愛，願意再次支持新版本的譯本出版。在這翻譯最新版本的過程，特別謝謝陳宣融心理師大力協助這次的翻譯工作，她的負責、細心、耐心，使得這譯本順利及時完成。在此也特別感謝於第一版翻譯時，譯者蔡翊楦、陳素惠、張曉佩、王昭琪等心理師先前用心的付出。

　　這十多年來，出身於學校輔導領域的 Gerald B. Sklare 博士不斷累積個人實務工作、訓練歷程以及其他心理健康專業人士應用等經驗，持續更新本書的版本，而使得本書於美國與世界各地暢銷發行。一本初衷地，為使更多人士能盡快了解與掌握焦點解決短期諮商（SFBC），Sklare 博士將 SFBC 奧妙的哲學轉化得淺顯易懂，並以十分結構化、步驟化、扼要化的方式來組織本書。我相信這本書之所以能如此受到學校輔導及心理健康專業領域的熱烈歡迎，是因為本書完整介紹了 SFBC 的精神、原則、技巧，以及晤談的要素、架構與流程，並以實際案例或晤談對話來對應與解說每一個段落的主題，使得讀者在理解內容時十分清晰具體，對於如何運用 SFBC，更能產生直接應用、無須轉化的落實效果。

　　本書扼要的架構與精闢的內容，非常適合初探 SFBC 的好奇者入門閱讀。由於本書是為學校輔導教師、諮商心理師等輔導與教育人員的需求所

設計，確實十分適合成為校園人手一本的操作手冊。也因為書中多是以中小學生為解說案例，從各種案例中將會感受到 SFBC 對於當事人深刻的賞識、鼓勵與理解，這對任何與青少年工作的諮商專業人員都具備高度參考價值。當然，也如同 Sklare 博士所鼓勵，任何負擔高個案量的助人工作者若能增加 SFBC 的思維與技術，將能縮短工作時間、提高專業成效、減低耗竭危機。

經由本書新版譯本的出版，再次驗證了來臺二十多年的 SFBC 在臺灣地區之學校輔導及相關心理健康專業領域的適用性，是持續地擴展著，展現 SFBC 小改變帶來大改變的滾雪球效益。期許《學校輔導中的焦點解決短期諮商》新版譯本的問世，能嘉惠更多需要的當事人，繼續支持 SFBC 於學校輔導及心理健康的專業助人工作，並能幫助實務工作者採用很具體踏實的行動，讓 SFBC 懷抱美麗希望的信念得以實現。

國立臺灣師範大學教育心理與輔導學系教授

許維素

2019 年 3 月

CHAPTER **1**

學校與其他情境中的諮商工作：
問題與解決之道

　　請你想像一下：從你有記憶以來，你就想成為一名學校諮商師。你現在剛從研究所畢業，取得了學校諮商的學位，熱切地想在聘僱你擔任學校諮商師的校園中證明你與學生進行諮商的效能。

　　然而，一年過去了，這個圖像逐漸黯淡下來。你分配到的職責讓人不堪重負，與學生進行諮商的時間少之又少。而且當你終於撥出時間諮商學生時，會因為只能給學生少數幾次的晤談次數而感到十分洩氣。這讓你開始思考：「在這樣少的晤談次數中，我能做到什麼？那又何必費事努力呢？」你當初成為學校諮商師的主要動機是希望能與學生進行諮商，所以，此時的你感到幻想破滅，也開始質疑自己當初進入這個領域的決定。

　　後來，你學習到一種十分適合於學校的諮商模式，一道希望的曙光乍現了 —— 這個模式稱為「焦點解決短期諮商」（solution-focused brief counseling, SFBC；或稱焦點解決短期治療）。SFBC 相當吸引你，因為它聚焦於學生的資源而非學生的不足；而且只需少數幾次會面，就能幫助學生步上解決問題的軌道。SFBC 過程中的許多步驟都相似於你在其他諮商取向中習得的技術，因此這個模式對你而言是相對容易掌握的。

　　當你運用這個以「解決為導向」（solution-oriented）的取向，將諮商工作的焦點從「問題」轉移至「解決」，你會開始注意到學生在諮商中的轉變。當學生能開始認識到自己原被忽視的優勢和資源時，他們看起來更為自信。你也觀察到學生會一再複製自己的成功經驗，並接二連三地引發了其他成功經驗。你的晤談因為有了正面的聚焦焦點，讓你與學生都充滿喜悅。由於學生在諮商會談中所達成的表現，讓你於下班返家的路上感到充滿能量和希望。

　　這聽起來太好了，彷彿不是真的；實際上，在學校實施 SFBC 能幫助諮商師真正執行專業協助，而這正是吸引他們進入此領域的因素，這真的會讓諮商師容光煥發。如同一位小學學校諮商師所描述，她不再於返家的

路上憂鬱地想著學生面臨的所有難過的情況，而改為專注於解決方法和目標達成上。她提到：「我更常發現到自己變得對學生更加有幫助，這讓我很高興的知道，我是個名實相符的學校諮商師。」（M. Cavitt, personal communication, February 15, 1996）。另一位小學學校諮商師也敘述：

> 我對這個向 Sklare 博士（在一次 SFBC 工作坊中）習得的新諮商技術感到非常興奮……因為它馬上為我帶來效果，很大的效果，使得一些教師立刻就要我繼續進行後續的晤談……。如果你知道我這一年過得多艱辛，你就會了解為什麼這對我來說如此令人興奮。我覺得我似乎從愁雲慘霧中走了出來……。僅僅只是因為重新發現了這個喜愛與學生一同工作的「我」……像是「再度覺醒」到我是誰，而對於生活擁有了更多熱情。（D. Nichols, e-mail, March 28, 2013）

但是，為何這麼多學校諮商師感到無法順利完成他們所被訓練的服務工作呢？進行實務工作的學校諮商師常指出，原有的訓練缺乏符合學校情境實際可運用的諮商策略。一般諮商師教育的課程方案中，常強調的是需要長期治療的諮商理論模式，然而實際的時間限制不足以讓學校諮商師提供長期治療，抑或長期治療也非學區政府希望給予學生的服務模式。有時，有些學校諮商師也沒有時間接受長期治療的訓練。所以，可知長期治療乃是超過了學校諮商師的角色範圍（American School Counselor Association, 2012; Hatch, 2013）。雖然對諮商師而言，了解精神分析、精神動力、完形、行為、溝通分析、理情行為、阿德勒，以及當事人中心等諮商理論基礎是十分重要的，然而，期待學校諮商師於學校情境中應用這些模式卻是不切實際的。

在許多場域裡，由於極大的個案量，加上管理式照護（managed care）

或保險公司對每名當事人的晤談次數限制，使得心理健康專業面臨壓力。在這些要求下，SFBC 模式顯得格外重要。越來越多的機構及專業組織邀請我前去為心理學家、社會工作者、心理健康領域的諮商師等人士提供 SFBC 訓練。運用 SFBC 模式的心理健康專業人員證實了焦點解決取向在這些工作場域的效益。以下是一個例子，20 位心理健康機構的治療師接受了我六小時的 SFBC 訓練，隔天，該機構的主任跟我說：

> 我剛才與一位機構內的社工師進行了有證社工師（LCSW）督導，她昨日參加了你的訓練。她變成一位很棒的治療師了。她剛剛逐步運用你所教的焦點解決模式完成晤談，那次晤談真的好成功。她說那是她最好的晤談之一。相較於先前，那位憂鬱的當事人在這次晤談中產生了更多的能量和動力。她分享了在晤談中他們寫給彼此的訊息（message），那真的很令人驚嘆。她非常興奮！（J. Hulette, e-mail, October 31, 2013）

這場訓練後十週，我與這位主任再次會面，她反覆提及焦點解決取向的效益。她也提到該機構的治療師因為「日復一日聚焦在當事人的問題，往往會得到次級創傷（secondary trauma）。要治療師走過問題、對當事人產生希望，是很不容易的事」。她還觀察到，當臨床工作者使用 SFBC 時產生了以下各種改變：

> 他們擁有了新的希望感，發現當事人確實變得比一開始會談時更好了。對於幫助當事人探索優勢讓他們變得很興奮。這些都使得他們在擔任治療師的角色上感受到被賦能，也覺得自己對當事人是更有幫助的。我想，這讓他們成為更好的治療師，能去幫助各種當事人，而

不僅只是幫助了他們採用焦點解決模式工作的當事人而已。（J. Hulette, personal communication, January 13, 2014）

一位在心理健康機構工作的臨床心理學家，她嘗試運用本書所介紹的焦點解決取向於一些較嚴重的案例之後，分享了運用這個取向的感想：

雖然我在十五年前已接受過焦點解決技術的訓練，也在許多個案工作中使用了這些策略，但我還是沒有信心在幾種個案類型上使用這些技術。跟隨 Sklare 博士的訓練，我挑戰自己，在與一些較嚴重、複雜的當事人工作時嘗試這個方法。我非常開心與驚奇的發現：焦點解決技術的力量也能展現於複雜的案例中。我開始意識到我腦中的決策樹（decision trees），思索著要在什麼時間、要如何整合這個取向之後，我發現實在沒有理由不把這個取向作為大部分個案工作中的主要處遇工具。任職於社區心理健康機構，我面對的大部分當事人都遭受了嚴重創傷，擁有極少資源，甚至沒有資源，同時也常罹患慢性疾病。許多當事人花費了數年，甚至生命中的多數時間都在接受治療。然而，由於管理式照護及其他財務上對於服務的限制，「在治療中被養育」的文化，如今早已不可行。

焦點解決治療是一個有力量的工具，能以更為聚焦且快速的步調達成目標和目的。審查單位喜歡在審查文件中看見清楚、可評量的目標，以及可測量的進展。（治療師在晤談最後寫給當事人的）訊息，是很美好的工具，能將當事人與治療師對於每次晤談期間所期望的計畫，以書面資料界定出來。

我發現父母們對於焦點解決技術的反應特別熱烈。父母對於被視為「壞父母」非常脆弱易感，會感到屈辱，因而父母為了孩子前來接

受治療時，常會帶著強烈的防衛。焦點解決技術能消解這樣的防衛。它會自動將父母放置於專家的地位，強化他們對自我的觀感，而讓他們對於考量如何改變，產生能承擔的耐心與包容。

到現在，我已在我任職的這個社區心理衛生中心工作了十九年。我可以說，焦點解決治療有它的一席之地。Sklare 博士的訓練，為我們中心處理創傷與困難案例的工作人員，帶來了新的熱情。好幾位工作人員都談到嶄新的希望、嶄新的自信心，即使在與心理波動最大的當事人工作時，也能提供一些幫助。不再以悲傷、挫敗的話語結束每次晤談；取而代之的是，大部分晤談都結束於希望中，並以一份當事人與治療師都能堅持下去的訊息作為結語。這對我們的當事人和治療師來說，都是非常美好的影響。（E. Jackson, e-mail, January 16, 2014）

本書所描述的 SFBC 歷程，很適合學校諮商師和心理健康之實務工作者運用於各種情境中，因此整本書的「當事人」（client）一詞可以指稱學生，也可以指稱其他諮商或治療中的個人。

諮商師教育的課程方案中，大部分諮商取向都聚焦於問題（problem），而此也常暗示了當事人應該是有些地方不對勁。以這樣的觀點來思考，便可理解何以有一些當事人並不情願與這些強調他們缺陷的諮商師見面晤談。再者，如此強調不足之處，通常會導致晤談對問題、病原、歷史、成因進行廣泛探索而耗費時日。SFBC 能解決前述這兩個議題，因為此一模式並不要求問題歷史與成因的探索，諮商歷程因而變得簡短扼要。同時，焦點解決諮商藉由強調當事人的優勢與資源而非缺陷及失敗，乃擁有了一個能夠賦能當事人的正向焦點。

多數時候，前來諮商的青少年是由校方人員、父母親或法院轉介而來。他們通常展現「來訪者」（visitors）而非「消費者」（customers）的態

度，只是為了履行要求或基於最後通牒才被迫前來諮商，因此他們難以投入諮商歷程。在這樣的情況中，真正的「消費者」是父母親、師長、行政管理者，或其他希望當事人有所改變的大人。有些時候，「擁有」（own）問題的是這些大人，而非當事人本人。被轉介來見諮商師的青少年，或許會認為諮商是為轉介者服務的，而造成對諮商的抗拒。由於 SFBC 模式強調當事人的正向特質及長處，常能增加當事人參與諮商的意願；同時，此模式的特色之一即在於：能以某些特定的處遇方法，協助原本持「來訪者」態度的當事人轉變為投入諮商的「消費者」。

 # 焦點解決短期諮商之緣起

　　1960 年代後期，焦點解決諮商脫胎自 Steve de Shazer 的一些觀察。他觀察到：當他開始邀請當事人注意「在兩次晤談之間，生活中有什麼事情變得比較好（what's better）？」（de Shazer & Molnar, 1964）且這個觀察任務並不包括要當事人注意前來諮商的問題，此時，有一些現象發生了。令人注目的是，三分之二的當事人都在下次晤談時表示事情已有好轉。而未指出事情好轉的當事人中，又有半數的人開始探索原先被忽略的進展。很明顯的，解決之道一直在發生，但除非將注意力重新導向於凸顯這些成功，否則它們經常是被忽視的。還有一個有趣的現象是，許多當事人表示好轉的事，都與當初他們前來諮商的問題毫不相關。

　　de Shazer 提出的這個嶄新諮商取向，乃運用了一個事實：多數當事人都能界定出問題較不嚴重或不存在的時候。舉例來說，因憂鬱而尋求治療的當事人，一般而言不會在百分之百的時間中都處於憂鬱狀態；通常會有一些時候，憂鬱是不存在或不明顯的。藉由聚焦在這些問題的「例外」（exception），先前被忽視的解決之道將可以被界定出來。SFBC 這個新取

向，也反映了諮商工作的重點乃從傳統的「聚焦於問題」轉變為「聚焦於解決之道」，而對問題的探索降至最低。

隨著焦點解決方法的持續發展，Weiner-Davis、de Shazer 和 Gingerich（1987）歸結出一個想法：或許早在第一次諮商會面之前，正向的改變已然發生。於是，他們開始邀請來電預約諮商的當事人注意自己從打電話起到第一次諮商會面的期間，他們的生活中有哪些部分是有好轉的。令人驚奇的是，這些當事人所表示的結果與 de Shazer 派予當事人在兩次晤談之間進行的觀察任務，有著雷同的成果。這些當事人也提及，或許一直以來問題被過分強調了。這個發現讓 de Shazer 和同事們做出了一個結論：聚焦在解決之道，乃比聚焦於問題更為大大有效，這成為諮商領域中很重大的哲學轉變。而此，也同時形成了 SFBC 一個重要的基本假設：無論是正向的或負向的主題，當你談論的越多，你得到的也會越多。

一些富有創新精神的實務工作者，建基於 de Shazer 早期的工作成果而在此領域持續努力；特別是 de Shazer 在 1980 到 1990 年代間的工作成果甚具影響力（Berg & Miller, 1992; Berg & Steiner, 2003; de Shazer, 1985; O'Hanlon & Weiner-Davis, 1989; Selekman, 1997; Sklare, 2000; Walter & Peller, 1992）。經由他們的努力，焦點解決取向成長至今，對學校與心理健康領域已然產生深遠的影響。

二 差異性及相似性

如同多數諮商取向與其他派別放在一起相比較時，其間的差異性和相似性是顯而易見的，SFBC 也是如此。如前所述，SFBC 與其他諮商取向的一個根本差異是，SFBC 的晤談重心乃轉為聚焦於解決之道，不再需要對當事人問題的歷史背景做深度探索。於諮商歷程中，SFBC 移除了對於

問題成因和起源的調查，大幅縮短了諮商所需的時間，聚焦於解決之道使諮商變得簡短。而且，當諮商焦點轉移至解決之道時，行動的重要性隨之提升，而洞察（insight）的重要性則隨之降低；立基於「行為之改變將帶來感受之改變」的信念，也使焦點解決取向有別於其他諮商派別。

Ratner、George 和 Iveson（2012）對於諮商中何為「從問題轉向解決之道」做了詳細的闡述：「焦點解決取向的核心在於邀請當事人發展並詳細地描述出，當他們對前來接受治療的最大期望（best hope）達成之際，他們的生活圖像會是什麼樣子；而這個圖像並非取決於當事人帶來治療的問題」（p. 241）。由於 SFBC 講求的是核心哲學觀點的轉移，對經驗豐富的諮商師而言，要背離傳統上對問題、診斷及歷史的關注可能會產生困難，這對已經在執業的諮商師來說也是最困難的挑戰之一。

SFBC 也講求由當事人自己決定想要的諮商結果或諮商目標。SFBC 聚焦在當事人的渴望，而非諮商師、行政管理者或心理健康人員的渴望。當事人被視為是自身的專家，他們知道什麼對自己最好。相信當事人擁有界定目標的能力，這個信念傳遞出對當事人的信任與尊重；而當個體被允許由自己來決定想要探討的諮商議題時，抗拒就會減小了。對於心理健康專家來說，要放掉「知道什麼對當事人最好」的專家角色可能是很困難的。諮商師採用 SFBC 後的效果高低乃取決於：諮商師是否堅守願意相信當事人的信念，是否願意讓當事人去做所有的工作、承擔所有的責任；以及是否認可當事人可以變得更好的可能性，無論當事人過去的經驗或背景為何。

SFBC 與其他取向最深刻的差異，或許顯現於此模式的正向本質對兒童與青少年所產生的影響。有個例子是這樣的：我運用 SFBC 與某國中一群高風險的國中生進行了三週諮商後，該校的祕書告訴我，她問每一位學生兩個相同的問題。第一個問題是：「你會想要回來，與這位諮商師再次

會面嗎？」他們熱烈的回應：「是的，我想要。」她接著問下一個問題：「你覺得他（這位諮商師）想要與你會面嗎？」他們有力的回應說：「他當然想！」這些學生因被認可為是有能力達成成功的，所以獲得了自信，也預備好要證明自己能夠再度成功。由於在過去經驗中，晤談都聚焦於學生們做錯的事情上，使得晤談大多成為負面經驗，所以當諮商師或行政管理者和學生談論的是他們做對的地方時，學生們似乎都大為驚喜。

另一個例子是我以 SFBC 與一位四年級小男孩進行諮商，他在我們第二次晤談開始時評論說：「我喜歡來這裡，因為這是第一次有人跟我談論我做得好的事情。」我發現這是一個很簡單但很出色的說法，能作為一個強而有力的提醒，指出 SFBC 與其他處遇方式或眾多學生於日常生活中遇到的互動方式，所具有的深刻差異。關於學生對 SFBC 反應的指標之一是，某些我諮商的學生的友人也會來要求諮商，他們這樣說：「Bridget 不再惹麻煩了，所以我也想要你把我『修好』，就像你把她『修好』一樣。」強調孩子從前未被賞識的資源，將能激發他們想去證實自己勝任能力的動力。

(一) SFBC 於兒童工作的應用

強調行動勝於洞察，使 SFBC 成為一個與兒童工作的有效模式。由於 SFBC 認為洞察並非必要，而且某些年齡層的孩子尚未有足夠的認知能力，如成人一樣，能得知自己目前所處的光景以及究竟是如何走到現今的處境，因此 SFBC 對這些特定年齡層的兒童具有高度的適合性（Kral, 1994）。

焦點解決諮商師發現，藉由使用當事人的話語，諮商會較容易讓當事人理解；藉由使用當事人的語言，諮商會變得個人化，而能符合當事人的個別需求。幫助當事人在熟悉的語言程度中進行溝通，並確認當事人是被

理解的，將會創造出良好的溝通情境。

　　SFBC 的另一個特色也使得這個方法很適合兒童，那就是：強調運用語言來引導兒童採取正向的行動。兒童會來到你的門前，大多數是因為轉介者希望他們停止做某一件事（打架、搗亂、講話、爭辯），或者希望他們開始做某一件事情（回家作業、合作、專心、準時）。聚焦在當事人不想做或想停止去做的事情，會形成一個負向的目標。無論年齡為何，負向目標對任何人而言都難以達成；要想像自己「不要再去做某件事情」，你必須以「將要去做什麼事情」的想法取而代之。以發展的角度而言，兒童格外需要界定出自己所需採取的特定明確行動；而此正是焦點解決方法在致力催化之處。

(二) SFBC 於多元族群與文化的應用

　　在公立學校中，來自其他文化背景的學生數量已逐漸增加（Holcomb-McCoy, 2001）。事實上，有預測指出，到了 2020 年，公立學校的主流學生將會是來自多樣的文化、種族及族裔背景者（Campbell, 1994）。類似的傾向，也可見於心理健康機構所服務的人口群體。

　　在某些案例中，文化差異與「信任」這個議題息息相關；某些報告指出對於非裔美國學生來說尤其如此（Biafora, Taylor, Warheit, Zimmerman, & Vega, 1993; Phelps, Taylor, & Gerard, 2001）。文化差異致使學生對於尋求學校諮商師或心理健康專業者等陌生人的幫助覺得不自在或不熟悉，而此情況也可能發生於拉丁裔的兒童（Altarriba & Bauer, 1998）。由於具拉丁血統的兒童已是美國學齡兒童中成長最快速的人口族群（Aviles, Guerrero, Horwarth, & Thomas, 1999），學校需要找出方法為這些學生提供最佳的服務。

　　這些源自文化差異的議題，已讓行政管理者、諮商師與心理健康人員

開始尋求新知，以便能為來自各種文化背景的孩子提供最好的諮商服務。一個關注此一需求的例子是，早在十五年前，《諮商與發展季刊》（*Journal of Counseling and Development*）曾以一整期的篇幅致力於多元族群主題的倡議（Robinson & Ginter, 1999），並探討與不同文化背景者進行諮商時需要特別注意的需求。

　　幸而，焦點解決取向的諸多特性讓它成為一個與多元族群工作的理想諮商取向。SFBC 晤談強調，在當事人自己的參考架構（frames of reference）中關注當事人的經驗，而非在諮商師的參考架構中進行。而且SFBC 使用當事人而非諮商師的語彙，認可當事人是自己最好的專家，關注優勢而非弱點，重視關注解決之道而非問題。SFBC 模式這些特性，讓當事人較不會出現對於在家庭外與陌生人談論問題的擔憂，也能夠幫助不同背景與文化的當事人克服對諮商的抗拒。

　　DeJong 和 Berg（1998）發現在接受 SFBC 之後，相較於各年齡層白種當事人 71%的比例，約有 80%非裔美國當事人以及 82%拉丁裔當事人（雖然此研究僅有少數的拉丁裔當事人）達成了他們的目標，或於目標上有所進展。本書中所呈現的許多案例當事人是來自經濟弱勢社區的非裔美國學生，這些學生成功克服困難的經驗十分激勵人心。

　　SFBC 取向的影響力也遠颺於美國之外。目前為止，本書已有日文、韓文、中文、土耳其文、希臘文的出版；此一事實，即為焦點解決諮商對於各個文化皆具有吸引力的明證。

(三) 相似性

　　許多 SFBC 所運用的技巧與其他諮商取向是共享的。傾聽、帶著同理心的回應、詢問開放性問句、支持、增強、界定目標以及應用量尺方法等等，是 SFBC 與其他心理健康應用取向的幾個共同點。轉向以解決之道為

基礎的取向乃立基於你現有的諸多技巧之上。

如同任何一種諮商模式，SFBC 或許並非對所有當事人都能產生效果。有些當事人可能只想要有人傾聽自己，而未想被「修復」；近期內歷經失落的當事人，也可能還沒準備好要尋找解決之道。

(四) 讓當事人準備好了解 SFBC 會有何不同

有些當事人可能會對你的新取向懷有戒心而拒絕你的協助，讓當事人了解你使用這個不同取向的考量與原理，將有助於緩解其疑慮。舉例而言，若這當事人是第一次與諮商師會談，你可以說：「你被送來見我時，我猜你預期的是，我們要去談你生活中出了差錯的部分。但其實，我們要談的東西是不同的，不是要談論問題；我們主要想談的是事情較好或好轉的時刻，以及，你做了什麼，而讓那個較好的情況能夠發生。」

如果這位當事人之前已有與你或其他諮商師談話的經驗，你可以說：「我知道你先前已和我（或其他諮商師）討論過你的問題了，而事情可能還沒解決。所以我們這次要試試不同的做法，不把時間花在談論問題，而是來談談每當那個問題出現的時候，你是運用了什麼優勢或資源來讓事情稍微好轉的？然後，我們也會談談你是如何辦到的。」

🈯 有效性

許多文獻都認可了焦點解決短期諮商（或稱焦點解決短期治療）的有效性（Bruce, 1995; Franklin, Moore, & Hopson, 2008; Guterman, 2013; Kim & Franklin, 2009; LaFountain, Garner, & Eliason, 1996; Littrell, Malia, & Vanderwood, 1995; Murphy, 1994; Pelsma, 2000; Ratner et al., 2012; Sklare, Sabella, & Petrosko, 2003; Thompson & Littrell, 1998）。DeoJong 和 Berg（1998）指出接受焦點

解決短期治療七到九個月後，12 歲以下兒童以及 13 到 18 歲的兒童中，分別有 78%和 89%的人朝著他們的諮商目標進展。Franklin、Biever、Moore、Clemons 和 Scarmado（2001）探究焦點解決諮商用於特殊教育的效果，對象是具行為問題的五、六年級學生，結果顯示，這些接受焦點解決諮商的學生在多種行為議題上都產生了正向改變。

Cook 和 Kaffenberger（2003）為國中生進行了一個焦點解決取向的學習技能團體，研究發現有 50%學生的成績平均積點（Grade Point Average, GPA）有所進步，同時，教師與學校行政人員也回報了看到正向效益。另一項學業成效的研究（Newsome, 2004）發現，於團體情境中接受焦點解決諮商的高風險國中生，相較於未接受焦點解決處遇的高風險學生，前者於後測 GPA 上顯著高於前測。Saadatzaade 和 Khalili（2012）也進行檢測焦點解決團體諮商用於男性高中生的學業成就及自我調節（self-regulation）能力的有效性研究，其中自我調節能力是指學生有能力評量自己的進展，並採取相應的策略；研究結果發現，相較於控制組的學生，接受焦點解決團體的學生在成績及自我調節上都表現出顯著的進步。

Corcoran（2006）則進行 SFBC 與認知行為治療用於兒童行為問題的有效性比較研究。由父母所填寫的量表結果得知，兩種治療取向都能產生顯著的改善，具備同等的有效性。Kim（2008）對焦點解決短期治療的成果研究進行了後設分析，並指出焦點解決取向產生的效果與其他心理治療取向並駕齊驅。Kelly、Kim 和 Franklin（2008）亦指出，焦點解決治療顯現出與其他形式治療相似的成效，但通常能在較其他治療取向為少的晤談次數中達成此一結果。由於相較於其他取向，SFBC 能以較少的會談次數發揮類似的成效，因此對於承擔極大個案量的學校諮商師而言，是一個十分理想的工作取向。

㊃ 核心原則

　　如同其他的諮商模式，SFBC 亦具有一些核心信念或「原則」（rule），讓這個取向的施行能獲得最大效益。de Shazer（1987, p. 59）與 Berg 和 Miller（1992, p. 17）提出三個基本原則來引導諮商師運用 SFBC。

原則一：「如果沒壞，就不要修理它」

　　第一個原則借用自古老的格言：「如果沒壞，就不要修理它」（If it ain't broke, don't fix it）。這是指，諮商師把一些對當事人來說原本不是問題之處衍生出相關問題，將可能導致當事人對原本能駕馭之處也產生了困難。諮商師應該專注於解決之道的產出，而非聚焦於多餘的擔心。這個原則也反映了一個哲學：由當事人來決定他自己的諮商目標，而非由諮商師來決定。

原則二：「一旦知道做什麼有效，就多去做」

　　原則二是：「一旦知道做什麼有效，就多去做」（Once you know what works, do more of it）。這是指，諮商師與當事人確認處遇方法中能幫助當事人進展的部分，將會帶給諮商師珍貴的訊息。一旦成功被界定出來，諮商師就可以催化當事人複製這些成功。諮商師也需要避免誘惑，不做過多雕飾，或為了加速前進而嘗試不同的做法。從前曾經有效的作業任務或處遇方法，都有極大機會能夠再次成功。

原則三：「若無效，就別重蹈覆轍；做些不同的事」

　　第三個原則呼籲：「若無效，就別重蹈覆轍；做些不同的事」（If it doesn't work, don't do it again. Do something different）。美國工作倫理倡導

的一個觀念是：「若一開始你沒有成功，請一而再、再而三的嘗試。」但
重要的是，再次嘗試時須使用不同的策略，方能產生不同的結果。然而在
諮商中，當事人習慣在面臨困難時使用同樣的、熟悉的因應策略，因為那
就是他們所知的方法。Walter 和 Peller（1992）舉出一個常見的例子，描述
人們會一遍遍重複無效策略的現象：人們常隨手放置皮夾、鑰匙串等物
品，而後忘記所放之處。在找尋的過程中，他們會先徹底搜索廚房餐桌但
未見蹤跡，於臥房梳妝台上也搜尋未果，接著是在外套的口袋裡翻找，然
後又回到廚房餐桌尋找。但若這個東西先前就不在餐桌上，那麼它現在又
怎麼會在那裡呢？重複做無效的事情是沒有意義的；繼續往新的地方尋找
才是比較合理的做法。認同 SFBC 的這個原則，將能幫助諮商師重塑自己
對於抗拒的想法；亦即，在當事人顯露出不情願或不配合的態度時，他們
就有可能是在告訴諮商師：「你現在所做的，對我們而言是行不通的。」

五 焦點解決基本假定

　　任何諮商取向的哲學觀都含有它的基本假定，諮商師必須內化這些假
定，方能有效運用諮商模式。遵循這些假定，諮商師得以保持在 SFBC 的
工作軌道上前進。不同的焦點解決實務工作者都曾以自己的方式說明焦點
解決取向蘊含的假定。下列五項假定所描述的概念，歸功於 Walter 和
Peller（1992）。

假定一：聚焦於成功，能帶出解決之道

　　第一個假定主張，當我們專注於成功，有助益的改變就會發生。把注
意力導向於「對的、對當事人有效的」部分而非錯誤與棘手的部分，以及
踐行「解決式談話」而非「問題式談話」，將能促進諮商歷程的發展。這

對於新手焦點解決諮商師而言可能是十分困難的任務，因為絕大多數的心理健康人員都被制約成要尋找問題。從問題轉至辨認解決之道，需要有意識的努力及重複的練習。

許多年以前，Hosford、Moss 和 Morrell（1976）這篇具有前瞻性的文章，以對監獄有口吃犯人的處遇實驗，舉例闡述了此一概念。研究者先錄下與口吃犯人的對話，再將錄音中所有口吃部分予以移除，製作成第二版經過編輯的錄音，並讓犯人們聆聽經過編輯、自己毫無口吃痕跡的談話錄音。如此「聚焦在正向及解決之道而非聚焦於問題」的結果是，他們的口吃獲得了明顯改善。我也推薦大學籃球教練使用這個以解決為導向的取向，改善一位球員的罰球表現。類似前述研究的方式，他們準備一份編輯過的錄影帶展現該球員罰球投籃時的完美架式和準確度，並且在比賽及練習前讓這名球員觀看此錄影帶，然後再閉上眼睛想像自己完美的投籃。他養成了只專注於解決之道——精準的投籃——的習慣，使得他在整個賽季的罰球中僅僅失誤了一次！

假定二：每個問題都能找出例外

第二個假定堅稱，每個問題都能找出例外（或成功的例子），並將其轉換為解決之道。當事人常認為自己的問題是一直在發生的，即使他們的問題實際上有時是消退的。當事人經常會陷在自己的問題中，以至於無法看到問題並未出現的時刻，也難以認識到這些例外的重要性。因此，需要由諮商師及其他心理健康專業人員仔細聽見例外於何時、何處、如何發生的線索，以之作為幫助當事人發展解決之道的第一步。

有個例子是一位七年級的女孩 Jean 前來求助，因為她與念高三的姊姊不常交談，而且她們每次一交談時就會不斷爭論誰對誰錯，然後都向父親告狀，試圖證明對方是錯的。Jean 渴望結束這樣的衝突。

　　諮商師詢問她們的關係何時有稍微好些時，Jean 回想起兩個月前她與姊姊聊起彼此的生活近況，那之後的幾天她們都沒有爭吵，也沒有向父親告狀，甚至姊姊有一次還主動幫她說話。雖然例外一開始不容易被發現，但是經過一些探索後就會被發掘出來。Jean 被指派要「多做有效的事」。在一週後的第二次晤談裡，Jean 報告自己這週有跟姊姊聊天，也停止告姊姊的狀了；而姊姊也做了與她相似的反應。她們開始成為同一國，會一起做一些事。Jean 的父親對她和姊姊說，他注意到她們爭吵變少了，他為此感到開心。Jean 也很明顯地注意到，爸爸回家時開始有更多笑容了。可被指認的解決之道總是存在的，就隱藏在 Jean 問題的「例外」中。Jean 與諮商師總共只見了三次面就讓 Jean 與姊姊的關係漸入佳境了。

假定三：小改變會帶動漣漪效應

　　第三個假定是，小改變會帶動漣漪效應，擴展成更大的改變。人們一旦認識了彼此，他們在某種程度上便能預期對方會做的行為，也會為對方所預測。當事人只要做出一丁點的行為改變，就會引發一連串反應來回應這個改變，被改變影響的人也會調整自己的反應，而又引發當事人進一步的改變。就如同 Jean 的情況，當她變得更支持姊姊時，姊姊也變得更支持她，她們開始與對方一同做事情；而這對姊妹間的改變也對其父親產生了明顯可見的正面影響。

假定四：當事人是最了解自己的人

　　第四個假定認為，所有當事人都擁有解決困難的資源或能力。誰會更了解當事人呢？所以何不運用其自身的長才？強調當事人的優勢取代對缺陷的聚焦，將會使改變更快發生。諮商師和當事人需要一起充分面對與探討成功的時刻，最重要的是辨認出當事人做了什麼，而使這些成功時刻能

夠發生。探索當事人成功的「路線圖」，將帶領他們邁向一個充滿「賦能性」的探險旅程。

假定五：正向目標較具效能

第五個假定呼籲，須採正向語彙來描述當事人的目標並反映其想要做的事，而非以負面語彙來描述或反映其不想做的事。要當事人想像一件未曾發生的事是不太可能的；當事人必須以想像那個時刻會發生的事來取而代之。建構一個「不去做某事」的目標或負向的目標，是徒勞無功的。一般情況下，負向目標不會引導出有成效的行動，無法給予當事人一個「如何取得成功」的方向。而且「沒有出現某個行為」這類目標的陳述，是很難被測量的。在當事人以負向語彙敘述目標或描述他們不想要什麼時，諮商師有職責協助當事人改採以正向語言來表達和界定他的目標，要用具體、行為化的語彙反映出他真正希望發生的事。想像著一個自己會達成的、可測量的目標，將高度激發當事人的動機。

六 其他的引導概念

除了前述核心原則與假定之外，尚有幾個概念能為施行 SFBC 模式提供指引。

概念一：你越關注什麼，你就越會得到什麼

「你越關注什麼，你就越會得到什麼」的概念，與焦點解決諮商是否執行成功息息相關。最簡單的解釋就是：若你關注在行不通之處，你就會得到更多問題；若你關注在有效之處，解決之道就會變得顯而易見且倍增，而引發正向改變的漣漪效應。

　　整體而言，當事人容易去注意錯誤及行不通之處，而常忽略對他們有效之處。於是，解決之道常被忽視，問題卻不成比例地快速成長。在諮商晤談中聚焦於問題只會助長問題。

　　人們也容易將問題形容為「總是在發生」，並認為希望的目標是「永遠達不到的」。通常這些絕對性的想法不會在百分之百的時間中都真實發生，當事人不會總是情緒失控、一直跟父母爭吵或從不做功課。一般而言，總會有些時候，他們是控制得了情緒、可以與父母合作或完成功課的。這些成功的時刻時常被遺忘或者未被指認出來，因此重要的是，諮商師能特別注意到這些對個別或每位當事人有效之處的徵兆，而使這些解決之道得以被複製。諮商師在認同這個概念之下，將會堅信：在生命中的各個時期，所有人都曾經成功克服過他們的問題，而且他們是有能力可以再次成功的。

　　de Shazer（1988）也曾提出類似的觀點，當事人常會使用「我是」（I am）的陳述方式來描述他們的問題。舉例來說，當諮商師詢問當事人來見自己的原因時，當事人常以這樣的陳述來回答：「我是很傷心的」或「我是很害怕的」，就像他們會說「我是女人」或「我是美國人」一樣。當人們這樣說話的時候，彷彿令他們前來諮商的症狀是一個永久不變的特質，就像性別或國籍一般。聚焦在問題的例外則能鼓勵當事人發現他們的症狀並非永久不變的特質；如此一來，能將當事人的注意力轉移至資源及正向行為上，進而喚出更多具有建設性的類似行動。簡言之，這即反映了此一原則：你越關注什麼，你就越會得到什麼。

概念二：避免問題分析

　　哲學家 Ludwig Wittgenstein 曾說：「如果你所需要做的只是要去描述出事情何以有效，那麼此時去尋求解釋便是個錯誤。」SFBC 與兒童和青

少年討論何謂有效用的事項，而非探索問題的病因。

當諮商晤談聚焦於病因——描述當事人的問題、此困難持續了多久、此問題的起因——以及此問題所造成的當事人感受時，並不太可能為當事人帶來改變策略。事實上，這種聚焦於問題的會談，還可能會讓當事人感到無望、防衛、消極，甚至可能讓當事人比較感受不到自我的行為責任。

然而，若你關注在問題較不明顯，或通常會發生卻沒有出現問題的時刻，解決之道便顯現而出。在焦點解決諮商晤談中，當事人可能會感到較為正向積極、充滿希望，並能發現自己具有達成所欲之改變的能力。

六年級的男孩 Rudy，轉介給我的原因是因為他無法控制脾氣，導致他會在學校及居住的拖車場中與人打架、相互咒罵。因為 Rudy 的火爆脾氣，他的母親和繼父受到被逐出社區的威脅。我們並未對他的脾氣、咒罵、打架的肇因進行深度探索，而是聚焦在：什麼時候這對他來說不是問題；這樣的探討強化了 Rudy 自我控制的能力。在幾次晤談後，他的情況便改善了。

概念三：讓你的處遇有效率

有效諮商的目標之一是：盡可能加快當事人進入諮商及離開諮商的速度。一般來說，治療師花費許多時間試圖發現問題的起源與肇因；相反的，解決導向的諮商師很快便聚焦在有效的解決之道。須避免讓當事人長期依賴諮商師的解答，當事人需要的可能僅僅是一個輕推，啟動他們邁向自己的解決之道。在時間限制之下，諮商師處理議題的時間長度往往是被決定的，因此，能在最少次數的處遇中獲得最大的效益是至關重要的。

一個有效率處遇的例子是：十三歲的國中男孩 Derek 目睹朋友以 .22 口徑手槍射擊頭部而受了重傷，那名朋友以為手槍裝的是空包彈。Derek 為自己沒有阻止朋友而感覺很糟；事件發生後四天，他尋求了諮商。僅僅

在一次晤談中，Derek 就得到幫助而了解後續的解決之道，這個解決之道本來就已經在幫助他了：他了解到當他感到需要表達對於這個事件的感受時，他去跟傷者及他母親談話會是有幫助的；他也發現有時候自己需要激烈的體能活動來發洩緊繃的情緒，因此他去打籃球。與 Derek 見面一次，辨識及強化這些他早就已經開始建構的解決之道，便能幫助他緩解對這個事件的壓力感受。

概念四：聚焦於現在與未來

　　SFBC 能協助當事人描繪出一個圖像：當他們成功解決問題時，他們的現在與未來看起來會是如何？而此傳遞出一個清楚的訊息：諮商師相信當事人具有克服其逆境的能力。只有在尋找問題例外的過程中，過去的事件才會被強調。相較之下，傳統治療取向大多期待當事人探究與了解過去，並將此視為行為改變的前驅物。這對許多當事人來說可能太過排山倒海，以至於他們將過去作為代罪羔羊，對自我成長裹足不前。

　　相對來說，SFBC 認為過去和現在是一個有效的工具，能協助發現一直被忽視的成功，這些先前未被辨識的成功是未來成功的關鍵。有個案例是關於一位八年級的男孩 James，他因為低自尊而被送來見我。他在八歲時曾自腳踏車摔落，差點死於頭部傷害。對於我提問的問題，他需要花費比同齡孩子更長的時間來答覆。他以一種緩慢的、深思熟慮的方式說話，常說我的問題很難回答。但只要給予他足夠的時間，他是能夠回答的。除了幾科成績為 D，他大部分的科目都不及格。他的諮商目標是「停止感覺自己很笨，希望有時能感覺到自己是聰明的」。聚焦於現在，我們試著探尋他感覺稍微不笨，甚至有一點點聰明的時刻。對於他的上課分心，他提到當他在課堂上，能讓自己可以專心聽老師說話時，覺得是比較成功、對自己的感受比較好的。在一次晤談中，我問 James 外面的噪音這麼大聲傳

進辦公室，他是怎麼能夠在我們的晤談中保持專注的？對於這個問題想了一下後，他展開笑靨回答：「我注視著你的嘴唇。」他將這個發現應用在教室裡，課堂中注視老師的嘴唇以阻擋分心的發生。他還說到，當他放學後去圖書館做功課而不是回家，以及他請求在當日最後時段接受課業輔導時，他都會對自己的感覺變得比較好。James 確實進步了，有好幾個科目的成績從 F 進步到 D 或 C，甚至第一次在科學測驗上獲得滿分。據 James 說，這些進步幫助他感覺自己變得更聰明了。

概念五：聚焦於行動，而非洞察

兒童的認知發展限制了他們洞察與理解問題的能力。洞察的發展需要長時間的投入，而當事人和諮商師往往缺乏時間。Metcalf（1995）曾指出：「知道我們為何會如此並沒有帶來解決方法。在當事人發現他們何以傷心、生氣或害羞時，他們通常將這些原因視為未獲得成功的症狀和理由。」（p. 19）歷史上，心理學社群一直擁抱的信念是：當事人需要知道他們何以會走到這一步，這樣的洞察是改變所必需的。Yalom（1995）反駁這個立場，因為他發現洞察並非改變的前驅物。

以下的例子凸顯出一個重要的價值：定錨在行動上勝於洞察。一位十二歲的女孩 Tiffany 因為持續和其他學生打架、與祖母和師長爭吵且咒罵他們，而被轉介前來。她處在可能被轉出榮譽學程的邊緣，且將被安置到行為障礙學生的班級中。Tiffany 之所以由祖母撫養是因為她的母親不要她。許多傳統取向的諮商師會圍繞在 Tiffany 的敵對行為上尋求洞察，因為她的行為可能與母親的拒絕有關。然而，由於 Tiffany 的目標是改善與同學、師長、祖母的相處，因而我們將諮商鎖定在：當她能夠控制脾氣、能與他們相處即使是稍稍好一些的期間，她是在做些什麼（她的行動）。到我們的第三次會談時，她改善了非常多，也讓學校不再考慮將她轉入行

為障礙的班級中了；鄰近的小學還請她每週過去一次，指導一些行為障礙的兒童。Tiffany 實在非常令人印象深刻，那所小學的老師後來請她每天都過去。據說她的祖母也表示：「我更喜歡我的新 Tiffany 了。」雖然 Tiffany 的情況仍有起伏，但是她的行為與人際關係確實已有了顯著的改善。

本章摘要

　　SFBC 被證實為一個有效率的取向，能幫助學校諮商師和其他專業者，為包含兒童及多元族群在內的當事人提供有效的諮商。透過聚焦於解決之道而非問題的歷程，諮商變得簡短扼要；這對擁有極大個案量的學校諮商師及其他心理健康專業者而言，是一個十分理想的情況。強調當事人的優勢與資源將會建立他們的自信。

　　最後提醒你：當你開始使用 SFBC 與當事人工作的時候，你可能會遇到一些情況，讓你偏離 SFBC 工作軌道，此時，你通常會轉向你最熟知的方法——最常使用的那些諮商取向。但是，我希望這本書能讓你做好準備，有效處理 SFBC 晤談中可能會逐漸浮現出的阻礙，並協助你不會離棄焦點解決模式。

練習活動

　　下列練習將會幫助你經驗到，當關注的焦點從問題轉移至解決之道時，對當事人的影響為何。

▊「以問題為焦點」的問句：

想一個最近使你有些困擾的難題，回答關於這個困擾的下列問句：
　・這個問題是什麼時候開始的？

- 什麼是這個問題的可能原因？
- 這個問題有多常發生？
- 是什麼讓這個問題一直持續？
- 這個問題如何影響你的人際關係？

當你回答下列問句時，請注意前述聚焦於問題的問句對你產生的影響：

- 對於如何克服這個議題，你有產生頭緒嗎？
- 對於這些問句的回答，能幫助你邁向問題的解決嗎？
- 當你想起剛才的經驗，你對於你的情況感到更為無望，還是更有希望？
- 你的回答能讓你感到被賦能嗎？

▌「以解決為焦點」的問句：

以同樣的困擾問題，回答下列問句：

- 在這個問題通常會出現的期間，有什麼時候是你「沒有」經驗到這個問題的？
- 當你沒有這個問題的時候，什麼會有所不同？
- 對於當時這個問題沒有發生，你會怎麼解釋？
- 在那時候，你又是怎麼防止這個問題形成或發生的呢？

當你回答下列問句時，請注意前述聚焦於解決的問句對你產生的影響：

- 對於如何克服這個議題，你有產生頭緒嗎？
- 對於這些問句的回答，能幫助你邁向問題的解決嗎？
- 當你想起剛才的經驗，你對於你的情況感到更為無望，還是更有希望？
- 你的回答能讓你感到被賦能嗎？

請注意當你在回答「以問題為焦點」與「以解決為焦點」的問句時所經驗到的不同反應,並思考以下問題:

- 哪一種問句對你似乎較有幫助,是以問題為焦點的問句,或是以解決為焦點的問句?
- 哪一種問句更能使你感到被賦能?
- 哪一種問句可能提升你的自尊?

　　你的答案很可能會讓你得出一個結論:「以解決為焦點」的問句,對你來說更具成效,也將會對你的當事人更有助益。

CHAPTER 2

設立目標

為使 SFBC 有效率地發揮效能，於晤談一開場，諮商師就需要與當事人一同致力於建構與發展所謂「良好設定的目標」（well-developed goals）。無論諮商師的理論取向為何，於初次晤談中確認出諮商目標，往往是預測諮商結果是否有效的最佳因子。再者，當諮商目標越是具體且包含特定行為時，當事人的進展會越加快速。諮商目標的陳述語句必須是當事人將採取的一小步可觀察的行動，而非當事人不會去做的行為、或停止再做的動作。焦點解決取向也呼籲，於諮商歷程中需要邀請當事人創造一個假設性的圖像，描繪出不再具有來談問題時的生活樣貌。假設性的圖像有如一個跳板，能引導出當事人的目標及所欲行為的細節，而有助其達成目標。這個邀請的技巧即是奇蹟問句（miracle question）；奇蹟問句是一個寶貴的工具，能幫助當事人看見他們的可能性。

本章內容包含如何開啟初次會談、向當事人解釋 SFBC 歷程、設立正向目標，以及運用奇蹟問句等相關建議。本章結尾則指出建構「良好設定的目標」的其他祕訣，並提供一個練習活動，讓你直接體驗奇蹟問句及此問句所能發揮的影響力。

一 開啟初次會談：建立投契關係並說明諮商歷程

如同大部分諮商進行的形式，SFBC 諮商師於開場時也會進行自我介紹，並用幾分鐘來建立投契關係（rapport），藉由詢問當事人一些和來談原因無關的生活層面，將可以催化關係的建立。例如，你可以詢問：「說說你自己」（「你平常都如何度過你的一天？」是 de Shazer 最喜歡詢問的）（Ratner et al., 2012, p. 49）。這類問句將能幫助你認識當事人這個人，而非認識一個「造成轉介的問題集合體」（Ratner et al., 2012, p. 49）。

有些當事人或許會希望在進入正題前先抱怨一番，這種情形發生時，

最好能讓他們先傾吐一小段時間。你需以傾聽、帶著同理心的態度、點頭，以及對當事人前來諮商做出回應，以展現你的支持。

接著，你需要花一些時間說明你將於會談中運用的理論取向，向當事人介紹 SFBC 此種短期諮商，並提醒 SFBC 的歷程可能會如何不同於他們的預期，或迴異於他們在其他諮商取向中的晤談經驗。你也可以幫助當事人有一些準備，讓他們知道你將詢問的一些問句是有困難度的，你會在晤談中做筆記，以及在晤談最後，你會需要時間構思來撰寫訊息給當事人，因此晤談會有一段暫停（break）。這些步驟的細節於本書稍後章節都會加以說明。

對於晤談程序，你可以用下列方式介紹：

> 我想讓你知道這個會談將會如何進行，我會詢問你很多問題，有些問題聽起來會有點瘋狂，或者有點難以回答（對某些當事人來說，當得知問題將會難以回答時，他們會感到具有挑戰性而激起他們的興趣）。在我們談話時，我會對你的回答做些筆記，好讓我在會談結束時可以把它們組合寫成一段訊息給你。我在寫訊息給你時，我希望你也把今天會談中學到的心得寫下來和我分享（依據孩子的年齡及技術程度，或可請孩子畫一張圖畫來取代文字紀錄的書寫。畫圖的內容可以是：當事情好轉時，他／她那時會是在做什麼）。當我把訊息寫好要交給你之前，我會唸給你聽。然後，我會將這份訊息以及你寫給我的心得（或圖畫）都複印一份，讓你帶回去，這樣我們兩個人都會各有一份。

這樣的說明能讓當事人認識到 SFBC 的晤談歷程，也能讓他們對於要回答一些困難問題時需要投入的努力，有了一些心理準備。在當事人於會

談中卡住時，你便可以再次提及這番說明：「還記得一開始時，我提過有一些問題會是比較難以回答的嗎？現在這個問題，就是其中一個具有難度的問題。」畢竟你絕不希望讓當事人因為對於回答你的問題感到困難而覺得自己無能，因此使用這樣的方法將能避免這種情況發生，同時還可建立起一份支持的關係。

二 發展正向目標

　　Walter 和 Peller（1992）曾建議，在當事人坐定後，即可以一個能開啟「目標導向」（goal-oriented）思維的問句作為諮商晤談的開始。Ratner 等人（2012）則建議使用「對於我們的會談，你最大的期望是什麼？」來開啟目標的討論（p. 31）。我贊同 Ratner 等人的建議，因為這個問句傾向於引導當事人思考晤談的成果，而非引導其闡述問題或過往的失敗。如果你偏好以不同的問句來開啟討論，其他的選項包含：「你來見我的原因是什麼？」或「我今天可以怎麼幫你呢？」

　　當事人被問及自己對諮商的期望或目標時，他們的回應常不出這八種類別：(1) 正向目標，(2) 負向目標，(3) 希望他人改變，(4) 症狀，(5) 不切實際的目標，(6) 具傷害性的目標，(7)「我不知道」，或 (8)「我不在乎」。下列將針對這八種回應提出一些可行策略，使晤談產生具體、包含特定行為的目標，並催化當事人的成功。

(一) 正向目標

　　正向目標會指出可供觀察及測量的行為，在當事人做到這些行為時，他會知道他們達成了目標。你可能從當事人口中聽到的正向目標如：「我想要改善成績，希望你能幫助我釐清要怎麼改善。」「我希望能和其他小

朋友相處得更好。」「我只想要老師別再找我麻煩，這樣我就不用再來這個鬼地方了。」這些一般性的目標是以當事人「想要達成的事項」來陳述，因此屬於正向目標。

只是當事人一開始說出想要的正向目標，大多不甚具體且未包含特定行為細節，但得知這些具體的細節是很必要的，如此方能顯示當事人是否正在朝向他的目標前進。「當事人往正確的方向前進時，他們要做什麼特定的事情」──引發這類的描述能為當事人描繪出解決之道的心理意象，並且提供所需的細節。

參考下列幾種問句，來幫助當事人界定出為達成目標需要做的特定行為：

- 「你覺得當你在做什麼事情時，會讓你知道你已經在成績進步的這個方向上了呢？」或者「當你成績進步的時候，你將會做哪些事好讓這種進步的情況能繼續出現？」
- 「當你跟班上的同學相處得更好時，班上的其他同學會說你做了什麼事情，顯示出你和他們的相處真的變好了？」或者「當你和其他小孩相處得更好時，他們注意到你正在做什麼事而讓你們處得更好？」
- 「當你的老師看見你在做什麼時，她就不會再找你麻煩了？」或者「當老師不再找你麻煩時，她看見你的表現是什麼，所以她真的不用再對你嘮叨了？」

當事人回答之後，運用「追蹤問句」（follow-up questions）引發更多關於「當事情已經好轉時，當事人又將會做什麼」的具體細節──這個歷程稱為「細節化」（detailing）。要施行細節化便需要繼續引發細節，直到當事人描繪出所欲行為的視覺圖像為止。在這個歷程中，如果你以「當……」（when）這個語詞開啟問句，便對當事人傳達了鼓勵的訊息，

表示你相信他們會實現其目標。這段探索遵循一種模式：當事人對於追蹤問句的回答提供了形成下個問句所需的資訊；而這些資訊也會進一步引發一些相關說明：對於當事人及其重要他人而言，這個目標的樣貌為何。這樣的探索順序需要重複進行，直到你與當事人對於他們要達成目標所需要採取的行動都產生了視覺圖像，並能以具體、特定的詞彙描述出來為止。

進行目標的細節化時，你所詢問的每個問句都應納入當事人先前回答中的用語和字詞，這可以確保你與當事人的參考架構保持同調。我和一位十二歲男孩晤談的例子便能凸顯出此一原則的重要性。這名男孩說，他因為在課堂上太愛說話而陷入麻煩。我回應道：「所以你是因為與人互動太多而陷入麻煩。」因為我以「互動太多」代替了「太愛說話」，使得他聽不懂我在說什麼，直到我使用他的詞「太愛說話」重述一次他的句子，這位男孩才聽懂。

若當事人已經用正向、行為化的詞語界定出目標時，記得要立刻記下這個目標，以作為晤談結尾建構訊息時所用；同時，你要隨時確認你的筆記所寫下的是當事人使用的詞彙或選擇的用字。

(二) 負向目標

多數時候，當事人是以負向目標來回應諮商師的詢問，如以「某樣事物的消失」來表達目標。很遺憾，晤談中出現負向目標的表述比正向目標更為常見。通常當事人會以下列兩種方式來表達負向目標：(1) 他們不想做的事情，或者 (2) 他們希望停止去做的事情。負向目標是很難達成，甚至無法達成的。對於此，一個重要觀點是：要讓某件事情不發生，那麼便必須有其他事情代之發生——此中便存在著目標。

若當事人的目標是以「不想做某件事情」來表達時，請他們描述「那麼想要做什麼」來取而代之。這種負向目標的典型表述方式包括：「我不

想搞砸我的工作」,或「我不希望我的情緒失控」,或「我再也不想被勒令休學」。此時,最好能將「某件事情的消失」這種負向表述,重新建構為「另一件事情的出現或存在」的正向目標。在當事人表達出負向目標時,即刻運用下面的問句進行處遇,好引發出可觀察的替代行為:「如果你沒有做那件事情,那麼你會做什麼不同的事情來取代呢?」如此便能將負向目標重新導向為正向目標。

關於將負向目標重新導向為正向目標的方式,請參考下列這則簡短的對話(C 為諮商師;CL 為當事人):

C01　：我今天可以怎麼幫忙你呢?

CL01：當我遭到挑釁的時候,我不希望自己再情緒失控了。

C02　：當你遭到挑釁的時候不再情緒失控,那麼,你會是什麼樣子?你會表現出什麼行為?

CL02：我會保持鎮靜。(**正向目標**)

C03　：保持鎮靜是當你遭到挑釁時你希望做的事。那麼當你保持鎮靜時,你會做的是什麼事情?哪些事情會讓你知道你是很鎮靜的呢?(**細節化**)

有時候,當事人會以希望「不再做某件事」來表達目標,例如「我希望上課不再遲到」或「我希望不再與小弟打架」。此時,請當事人界定出「他們想要開始做些什麼來取代這些」,將負向目標轉為正向目標。回應的例句如:「那麼當你不再上課遲到的時候,你會開始做些什麼不同的事情呢?」或者「當你停止和小弟打架時,你會開始做什麼事來代替打架呢?」

下列對話即把負向目標重新導為正向目標:

C01 ：你對我們今天會談的最大期望是什麼？

CL01：我老是因為遲到被老師在放學後留下來，所以我希望自己上
　　　課不要再遲到了。

C02 ：那麼，如果不要上課遲到，你會怎麼做呢？

CL02：我會準時到課。（**正向目標**）

C03 ：所以，確保自己準時進教室是你的目標。

CL03：是的。

C04 ：那麼，你會開始做些什麼事情，以顯示你正在朝準時到課的
　　　這個目標邁進？（**對開始朝目標前進的具體細節進行細節化
　　　邀請**）

　　如前述例子所示，追蹤性的介入問句提供機會讓當事人了解他們需要
做什麼以達成目標。當目標包含越具體的行為細節時，當事人越有機會來
達成目標。

(三) 當事人希望他人改變

　　當問及當事人對會談的期望時，他們常希望他人有所改變，或不再做
某件事情。這意味他人需要為了當事人的快樂而改變，以及他們希望諮商
師能夠幫忙讓這種改變發生；這也暗示了他人必須先開啟改變，以及要解
決當事人的議題，是其他人的責任，而非當事人的責任。這簡直就像是當
事人在說：「我會將所有造成我困境的人帶進來，讓你可以諮商他們，然
後我就會變好了。」

　　以下敘述舉例說明了此種希望他人改變的模式：「我不希望父母干涉
我對交朋友的選擇。」「我希望老師不再找我碴。」「我希望朋友不再試
圖把毒品塞給我。」對於當事人需要他人行為改變的陳述，諮商師可以使

用下列問句再次將焦點帶回當事人的行為上：

- 「對於你希望這個人改變，你覺得我可以怎麼幫你呢？」
- 「這個人改變，對你來說怎麼會是個問題呢？」
- 「這個人的改變，會對你造成什麼不同？」
- 「這個人能有改變看起來對你真的很重要。原因是什麼呢？」
- 「如果他們真的改變了，對你會有什麼幫助？」
- 「如果他們不改變，你會怎麼做呢？」

這些問句幫助當事人將他們的渴望再次建構為正向陳述的目標，而將改變的責任交予當事人。

範例一

C01 ：你對於我們今日會談的期望是什麼呢？

CL01：我希望父母不再干涉我和誰交朋友。

C02 ：那麼，若你父母不干涉你交朋友，對你有什麼影響呢？

CL02：那我會比較自在地跟他們聊我在做的事情。

C03 ：所以，變得能自在地跟父母聊你在做的事情是你希望發生的事？（**正向目標**）

CL03：對，我希望這樣，因為我們曾經是可以聊個不停的。

C04 ：那麼，當你和父母談話變得稍微自在一些時，你會做什麼事是不同於現在所做的事情呢？（**細節化**）

範例二

C01 ：你期望在今天的會談中，我們可以達成什麼目標呢？

CL01：我希望你讓我的老師不要再一直找我碴。

C02 ：對於這個情況，你覺得我可以幫上什麼忙呢？

CL02：我希望你幫我跟她說。

C03 ：當我跟老師說的時候，我可以告訴她，她會看到你有什麼表現，讓她覺得可以不用再一直對你嘮叨了？（**細節化**）

CL03：我會準時繳交回家作業。（**正向目標**）

　　澄清當事人「希望他人停止做某事／不再做某事」的動機（motivation），能讓你幫助當事人界定出潛在的正向諮商目標。

(四) 以症狀傳達出的關懷

　　當事人常以症狀（例如情緒失控、憂鬱、恐慌發作、對失敗的恐懼等等），來表達他們所關注的事情。實際上，當事人與症狀相關的無效因應技巧正可作為諮商的焦點，從當事人所呈現與症狀相關的期望中將能發展出目標。為了幫助當事人從症狀中發展出目標，可經由界定出當事人希望想要做什麼或感覺到什麼，來取代其對該症狀的經驗，而引導出當事人對諮商目標的概略性描述。接著則詢問「細節化」問句，請當事人列舉出當他們走在達成目標的路徑上時，會做、會思考的事情為何。以下範例演示如何將症狀重新建構為目標：

範例一

C01 ：你對我們今天會談的期望是什麼呢？

CL01：我很憂鬱，而且我不想一直都這樣覺得。

C02 ：那麼，你比較希望感覺到的是什麼感受，而不是憂鬱的感覺呢？

CL02：我希望對人事物能感到有希望。（**正向目標**）

C03 ：當你做些什麼事情時，會讓你覺得是比較有希望的呢？（**細節化**）

範例二

C01 ： 今天我可以怎樣幫助你呢？

CL01： 每當我參加考試時，我會十分焦慮，我可能就因為這樣考不及格了。

C02 ： 那麼，當你參加考試時，你會希望自己是處於什麼狀態而不是焦慮萬分？

CL02： 當我必須考試時，我希望自己是鎮定和自信的。（**正向目標**）

C03 ： 那麼當你得參加考試時，你會做什麼事情，以表現出你是鎮定和自信的？（**細節化**）

(五) 不切實際的目標

被問及希望會談能達成什麼結果時，有些當事人會說出不大可能發生的事情或辦不到的期許——「我希望父母破鏡重圓」、「我不希望自己是愛滋病毒感染者」、「我希望我朋友能再次復生」。不切實際的目標需重新再次被建構，以確認出當事人潛在的需求或目標。為達成此目的，可以先詢問當事人：這個不符實際的目標對他們的意義或幫助為何。下列範例演示如何將一個不切實際或無法達成的目標，再次建構成一個能滿足當事人潛在需求或渴望的正向目標：

範例一

C01 ： 你對我們今天會談的最大期望是什麼？

CL01： 我希望父母復合。

C02 ： 讓你的父母復合對你的幫助會是什麼呢？

CL02： 我就能每天跟我爹地說話了。

C03 ： 所以，能夠每天跟爹地說話是你的期望？（**正向目標**）

CL03：對，我希望能那樣。

C04　：如果你做什麼，就能讓你每天都和爹地說話？（**細節化**）

CL04：就是在我上床睡覺以前設定一個固定的時間打電話給他。

範例二

C01　：你對我們今天會談的最大期望是什麼？

CL01：我不希望自己是愛滋病毒感染者。

C02　：這件事對你來說如此重要的理由是什麼？

CL02：因為這樣我就可以更自在的與朋友出去逛逛，就像以前一樣。

C03　：所以，能更自在的與朋友出去逛逛，是你現在希望達成的事情？（**正向目標**）

CL03：我希望能那樣。

C04　：當你能跟朋友在一起時，你會怎麼做，好讓你顯得更自在呢？（**細節化**）

(六) 具傷害性的目標

　　焦點解決取向強調諮商目標必須是當事人的目標，而非諮商師的目標；但若當事人表達的目標是：實現後會違背法律、對自己或他人產生傷害、不符合他們的最佳利益等，諮商師便不會贊成，雖然這樣的情況並不常見。這些例子包含未成年當事人想要輟學、生子，或者意欲傷害某人、毀損財物或逃家等目標。符合倫理的諮商師和心理健康專業人員不會支持具有傷害性的諮商目標。

　　永遠記得，具傷害性的目標通常是潛在目標或核心目標的徵兆，反映出的是當事人滿足他生命中需求的渴望。運用一系列尋找解決之道的問

句，將能釐清這些潛在的需求或渴望，進而幫助當事人重新建構或界定出健康的諮商目標。下列範例將演示如何把具傷害性的目標，修正為具生產性的正向目標：

C01　：你對我們今天會談的最大期望是什麼？

CL01：我想知道，我要怎麼做才可以被退學。

C02　：你想要被退學的理由是什麼呢？

CL02：因為我每科都不及格，而且我也已經不想再嘗試了。

C03　：所以，你是說，如果你在學校能夠努力讓成績表現更好時，你就會更願意留在學校裡繼續讀書？

CL03：或許是吧。

C04　：你的目標是不是想要了解，如何找出方法在學校能更努力嘗試且表現得更好？（**正向目標**）

CL04：對，我想是這樣子的。

C05　：如果，當你能更努力嘗試時，第一個線索會是什麼？（**細節化**）

CL05：我會做回家作業。

　　這個範例示範了如何仔細留意當事人所透露出的線索，並運用這些線索的訊息，來將非生產性或具傷害性的目標重新導向為具生產性的目標。

(七) 以「我不知道」回應

　　當事人常是被父母、老師或其他出資的相關人士，送來見學校諮商師或心理健康專業人員的。如同前一章提及，在這樣的情況下，真正尋求改變的「消費者」是當事人的轉介者，而當事人通常是不情願、難以投入諮

商的「來訪者」。當你詢問來訪型的當事人目前的諮商目標為何，得到的回答常會是「我不知道」。聽到這個回答時，許多諮商師會有卡住的感覺。運用假設性的「如果」（if）問句——「如果你真的知道」——往往可以幫助非自願的當事人發展出目標。表 2.1 的例子即展現了這個技術。

表 2.1　幫助當事人設立目標的問句

目標問句	當事人回應	諮商師回應
你對我們今天會談的最大期望是什麼？	我不知道。	如果你知道的話……
你會來這裡的原因是什麼？	我一無所知。	如果你有些頭緒……
你想是誰送你過來的？	我想不到。	如果你可以想到的話……
你被某人送來在這裡的理由是什麼呢？	這難倒我了。	如果你能猜猜看……
你媽媽會說當看到你做了什麼時，她就會知道你再也不需要來見我了？	這不在我所知的範圍內。	如果就你所知……

　　在我看來，詞語中鑲進假設性的「如果」，便會將當事人認為需要提供你想聽到的「正確」答案的那股壓力，從當事人的身上去除。當你使用假設性的「如果」時，當事人大多會願意確認出被送來見你的原因。在某些情況中，可能會需要持續重複「如果」的假設問句，方能釐清當事人出現在你辦公室的原因。

　　在大部分情況中，使用「如果」的假設性問句甚至不用說出整個句子，只要說：「如果你知道的話」或「如果你有些頭緒」便已足夠。

(八) 以「我不在乎」回應

在相似的脈絡下,你的當事人可能會在諮商中給出「我不在乎」的回應。這可能發生於 SFBC 取向的目標設立過程或在任何時候,特別是當你面對的是一位非自願當事人時。當這種情形發生時,你可以運用假設性的語言來融入當事人而避免讓晤談「動彈不得」。下列範例演示如何運用假設性的語言,幫助當事人確認出他在乎的理由(CL 為當事人;C 為諮商師)。

範例一

CL:我不在乎。

C :假若你確實在乎的話,那麼你會做些什麼事呢?

範例二

CL:我不認為我在乎過那件事。

C :假裝你在乎的話——那接下來會如何呢?

範例三

CL:我真的從不在乎。

C :想像你真的在乎的話,那麼你會做什麼不同的事呢?

三 奇蹟問句

能讓當事人投入於「解決式談話」而非「問題式談話」的目標設立階段中,便已經播下解決之道的種子。基於下述三個目的,焦點解決取向接下來會運用的獨特策略即是「奇蹟問句」(the miracle question):(1) 以具體、具特定細節的語彙來澄清目標,(2) 創造出「沒有這個問題時,當事

人的生活看起來會是什麼樣子」的圖像，(3) 提供「心理預演」（mental rehearsal）的機會，以討論當事人會做什麼事來達成目標。多數的時候，當事人於回答奇蹟問句時能創造出一個心理圖像，而讓當事人從中找到一些時刻是他們在真實生活中已經經驗到的，即使只是小小的成功事例。奇蹟問句為 SFBC 歷程下一步驟的進行做好準備，即第三章將會討論的：專注於成功事例的界定與認識。

　　de Shazer（1990）當初之所以會施行奇蹟問句，是因為他對一位當事人無法形塑出設定良好、符合現實及能夠實現的目標，而感到挫折所致。如今對於焦點解決諮商師而言，奇蹟問句已經成為一個極有價值的工具。奇蹟問句典型的陳述方式為：

　　　　假設今晚在你安睡的時候，一個奇蹟發生了，這個奇蹟解決了讓你前來諮商的這個問題。

　　　　但因為你在睡夢中，你並不知道這個奇蹟已經發生了。當你早晨睡醒時，你會看到什麼線索而讓你發現這個奇蹟已經發生了？你又會注意到自己在做什麼和以往不同的事情？

　　de Shazer 發現，藉由這個奇蹟問句，不僅使他這位當事人可以發展出設定良好的目標，對於其他當事人也很有效。要建構出良好界定的目標，奇蹟問句非常有幫助，也因此奇蹟問句成為焦點解決短期治療模式的代表技術之一。

　　若不使用奇蹟問句，以下這類的假設問句也很有效用：「想像半年後讓你來諮商的問題已經解決了，那時候的你會有什麼不同，而讓你知道我們不需要再會面了？」最近我在聖地牙哥州立大學帶領的工作坊中，Joey Estrada 教授建議，對於精通科技的當事人或可詢問這個問句：「如果你的

手機有一個魔法般的 app（應用程式）可以讓你今天前來諮商的問題消失無蹤，那麼，當你點擊了那個 app 之後，你注意到你會做什麼不同的事？」

對於無法了解奇蹟概念的幼童，或許能用以下這個替代性的問句讓他們了解你在問的是什麼問題：「如果我有一個魔法棒，用它在你頭上揮一圈後，那個讓你來到這裡的問題就消失了，這時候你會看到自己在做什麼不一樣的事情呢？」

無論你要怎麼陳述奇蹟問句，都要記得記下當事人對於這個問句的回答；這些記錄在晤談結尾建構訊息給當事人時將會特別有用。

(一) 對於奇蹟問句的回答不具體明確時：細節化並運用「循環關係問句」

如同諮商晤談一開始詢問當事人「你對我們會談的期望是什麼？」的各種反應一般，當事人於回答奇蹟問句時也可能會回答得相當模糊。此時，我們可運用類似本章前面所討論到的策略來探索當事人奇蹟圖像的具體細節，同時，也會運用一種稱為「循環關係問句」（reciprocal relationship questions）的技巧。循環關係問句能協助當事人預見其他人會如何回應當事人的改變，以及改變後所會帶來的漣漪效應。以下對話演示如何細節化奇蹟問句，以及如何運用循環關係問句：

CL01： 如果這個奇蹟發生了，我會在早上醒過來覺得更快樂。

C01 ： 當你更快樂時，你會做些什麼事情讓你知道你是更快樂的？
（細節化）

CL02： 嗯，我猜我會更常微笑。我想我會用友善的態度跟哥哥說更多話。

C02 ：那當你用友善的態度跟哥哥說話時，你哥哥會看到你有什麼
舉動，他就知道你是在用友善的態度跟他說話？（**更多細節
化**）

CL03：我早上看到他時跟他說哈囉，甚至還可能會問他今天有沒有
什麼特別的活動。

C03 ：那麼如果這個情形發生的話，哥哥會怎麼回應你？（**循環關
係問句**）

CL04：他可能會告訴我他今天的活動，然後我們可能會聊聊我們今
天要做的事。

　　依據前述的系列步驟，一開始被模糊表達的目標，已經改由具體細節
的行為描述予以細節化了。而循環關係問句則能帶出其他「會注意到改變
發生的人」的反應，這將幫助當事人預見他們努力之後會產生的漣漪效
應，而更增強他們開啟正向行動的想望。藉由將「當事人為了落實目標而
會做的具體行為」加以細節化，當事人重新發現被遺忘的可能性，並隨之
產生希望感而非無望感。

　　另一個例子，若當事人描述奇蹟為：「我會正在做我的工作。」那麼
你可運用下列其中一個或多個問句來加以追蹤探索：

・「你正在做你的工作時，看起來會是什麼樣子呢？」
・「如果我把你錄影下來，我會看到你在做什麼而顯示出你正在做你的
工作？」
・「你的父母會看到你在做什麼，他們就知道你正在做你的工作？」
・「你的老師們會告訴我，他們看到你做了什麼而讓他們真的相信你是
在做你的工作？」

- 「如果我經過你們班級的教室門口，我會看到你在做什麼，我就知道你正在做你的工作？」
- 「你們班上同學會說他們看到你正在做些什麼，就知道你是在做你的工作？」

這個階段裡，需要尋找及發展出包含特定具體行為的回應，以產生類似影片般的心理圖像。舉例來說，當事人可能回答：「我會坐在我的桌子前，我會注視著老師、寫下筆記。」當事人的答案為他們提供了所謂的心理預演，讓他們看見自己正在達成具體的目標。

在試圖要細節化目標時，有時需要協助某些當事人描述出具體行為。例如，一位當事人的目標是希望能學習如何在課堂上專注，此時，他可能不清楚要如何描述達到該目標的行動。為了幫助當事人得出一個更具細節的描述，你可以詢問：「那麼當你專注時，你的眼睛／腳／手會做些什麼？你的頭腦又是在想什麼呢？」

(二) 對奇蹟問句的回答，是辦不到或不大可能發生的事

如同晤談之初設立目標的階段，當事人對於奇蹟問句的回應也可能是描述一個辦不到或不大可能發生的情景。他們可能會希望已逝的親人復生，或者希望已搬離的友人回來。他們明白諮商師對於促使這些改變的發生是無能為力的，但是如果能有奇蹟出現的話，這就是他們想要的答案。在這些願望的背後，其實往往是當事人的失落感。發現潛在的需求，能夠幫助當事人將辦不到或不大可能發生的願望，重新建構為符合實際的目標。下述問句能協助當事人產生一個較為符合實際的目標：

- 「這件事對你深具意義的原因是什麼？」
- 「這件事對你來說何以如此重要？」

- 「這對你而言有什麼不同？」
- 「你最懷念＿＿＿＿的部分是什麼？」

在當事人希望已逝親人復生的例子中，對話或許可以這樣進行：

C01 ：如果這個奇蹟發生了，有什麼線索可以看出奇蹟真的出現
　　　了？

CL01：我祖母仍然活著。我好想念她。（**無法達成的奇蹟**）

C02 ：所以，你的祖母過世後你真的很想念她。你最想念的部分是
　　　什麼呢？（**將問句重新建構**）

CL02：每當我心裡難受時，跟她說話，她總是會讓我覺得跟她說話
　　　很舒服，而且她會真的傾聽我說話。

C03 ：所以，當你心裡難受時，可以舒服的和一個真的會傾聽你的
　　　人說話是你所希望的事。（**正向目標**）

CL03：是的。

C04 ：什麼訊息會讓你知道，你正自在的跟一個人說你的心事？
　　　（**細節化**）

CL04：我會很放鬆。

C05 ：那麼，如果你是放鬆的，你會做些什麼事情而讓你知道你是
　　　放鬆的？（**更多細節化**）

CL05：我會坐在地板上，注視著對方的眼睛。

C06 ：如果你這麼做，那個人的回應會是什麼呢？（**循環關係問
　　　句**）

CL06：他也會注視著我的眼睛，用很溫柔的聲音說話。

(三) 奇蹟問句的回答是：「我希望他人改變」

　　當事人可能因為將他人視為問題，希望他人改變。當事人也常常認為在調整自己的行為以前，他人必須先改變行為。你需要幫助當事人了解「人際間的相互循環性」（reciprocity）；這個概念是指：自己的行為改變常會引發他人的行為改變。你可以將這個概念用於奇蹟問句進行過程中的一部分，而幫助當事人認識到自己是可以先行開啟行為改變的。

　　希望他人改變，可能是當事人對於奇蹟問句的一種回答。如同本章前面提及，當「我希望他人改變」的情況出現於目標設立的脈絡時，諮商師可以使用的一種回應是詢問他：「對於這個情況，我該如何幫助你呢？」然而在奇蹟問句的脈絡中，我建議改採以下方式：「假設_____做出如你所願的改變時，你會怎麼回應這個改變呢？」這樣的回應稱為「反向循環關係問句」（reverse reciprocal relationship question）是循環關係問句的一種反向扭轉，不是詢問他人會如何不同地回應當事人的改變，而是詢問假若他人做了當事人在奇蹟中所希望的改變時，當事人會如何接著回應。藉由幫助當事人了解：為了回應他人的新行為，自己的行為是會有所改變的，那麼當事人將領悟到，他們自身的行為改變也會導致他人接續做出改變。這也使當事人了解到，藉由改變他們自身的行為，或許便能帶出他們所渴望產生的他人改變。下述範例說明如何在這樣的情況中繼續使用奇蹟問句：

CL01：你是說「奇蹟」？嗯，如果它真的發生的話，我的老師會開始公平的對待我，就像他對其他同學一樣。(**希望他人改變**)

C01　：所以，假設這個奇蹟真的發生了，老師現在對你就像對其他孩子一樣公平了，那情況看起來會是什麼樣子？(**「假設他們真的改變了」問句**)

CL02：當我舉手的時候，他會點名我回答。

C02 ：所以，如果你舉手的時候他點名你回答，你會開始做些什麼
　　　不一樣的事情？（**反向循環關係問句**）

CL03：我就不會在沒經他同意時在課堂上講話。

C03 ：那麼，你會做什麼不一樣的行為呢？

CL04：我會在座位上坐好看著老師，或者閉緊嘴巴，寫下老師所說
　　　的話。

C04 ：當老師看到你這樣做的時候，你想他接著會有什麼反應？
　　　（**循環關係問句**）

CL05：他可能會用像對待其他同學一樣的態度來對待我。

C05 ：這是你希望發生的事情嗎？

CL06：我當然希望。

C06 ：那麼，真的做你剛剛描述的這些事情，也可能會讓你的老師
　　　做出改變喔。

　　幫助當事人看見他們自己先做出行為上的小改變後，所會產生的相互
循環因果，將能讓當事人看見他人改變的可能性。

　　答案的細節化是很重要的，當事人的答案必須產生出「解決之道可以
如何發生」的具體細節。運用假設性的他人觀點，是發展出細節的有效方
法。你可以運用的處遇方法如：「那時如果我觀察到你＿＿＿＿，我將會看
到什麼？」「如果你的父母、老師和朋友注意到你＿＿＿＿，那麼他們會怎
麼向我描述所看到的情況？」這些都是重要的細節，可以幫助當事人創造
圖像。當你與當事人進行如下交流時，當事人會開始看見自己行為的漣漪
效應：

C01 ： 當你以面帶微笑、說哈囉，來表達更友善的態度時，你姊姊
　　　 的反應會是什麼？

CL01： 她會微笑，或許也會開始跟我說話。

C02 ： 那麼，當那樣的情況發生時，你接下來又會做些什麼呢？

CL02： 我可能會回以微笑，跟她聊聊我們之間的近況是如何。

　　了解到改變一個人自身的行為會如何導致他人改變行為，是很重要
的，這與當事人常認為他人必須先改變的普遍觀點是一個強烈的對比。如
前所述，格外重要的是，當事人需要覺察到漣漪效應的存在——小改變會
引發大改變以及更多的改變。了解這些關聯性將能幫助當事人看到更大的
圖像。如果當事人發現能藉由先發起自己的改變來帶動他人的改變時，當
事人往往會覺得是被賦能的。

四　「還有呢」問句

　　欲擴展當事人的奇蹟圖像，可以詢問當事人：「這個奇蹟發生之後，
還有什麼會接著發生呢？」你可以運用同樣的做法，以細節化與循環關係
問句引發更多關於這個奇蹟的行為細節。重複這個程序三或四次，將能幫
助當事人開啟更多扇門，擴展該問題不再存在時的生活樣貌。這個程序也
能創造出更多情境，讓我們從中挖掘出當事人的例外與成功事例；這是
SFBC 歷程的下一個步驟，將於第三章討論之。

五　建構良好設定的目標：綜述

　　如同本章通篇所述，發展出具體的正向目標，是奇蹟問句的探問歷程

及有效目標設立過程至關重要的核心。諮商目標須以「某件事情的存在或開始」（正向目標）來呈現，而非「某件事情的消失或結束」（負向目標）來陳述。良好設定的目標會使用當事人所選擇的用語和字詞，以具體、行為化的語彙，描述達成目標時當事人會做的事情的行為細節。良好設定的目標往往包含了小小的步驟或成就，所以是達成更大目標的基礎。換言之，目標需要是可掌握、可達成的，並避免當事人感到沮喪、氣餒或不堪重負的。讓步驟微小化，可讓當事人能夠辨識出微小的改變。相對的，當事人若懷抱大目標或所謂顯著的改變，也許就無法注意到微小卻重要的進展徵兆；亦即對於大圖像的注意力，可能會使之輕忽、甚至掩蓋住過程中所進展的一小步。

一旦以正向語彙（而非「某件事情的消失」）來陳述目標，便可以接著運用「什麼」（what）問句引發當事人對正向、目標導向之行為的細節描述。接下來詢問「如何」（how）問句以協助當事人視覺化能助其朝向目標前進的步驟；這種問句能鼓舞當事人描述出他們可以採取的一連串行動，也能激發當事人產生一個類似影片的意象，而捕捉到先前可能未曾設想過的可能性。下列例子示範了「什麼」問句和「如何」問句的運用方式：

C01 ：所以你的目標是，當你跟朋友在外面時要守法。（**正向目標**）

CL01：是的，那是我想要做的。

C02 ：當你跟朋友在外面時，你會做什麼顯示出你是守法的？（**使用「什麼」問句來進行細節化**）

CL02：他們違法的時候，我就不會跟他們一起閒晃。

C03 ：你如何做到這一點呢？（**使用「如何」問句來進行細節化**）

CL03：我會告訴朋友，我不想做那些會讓我惹上麻煩的事情，所以

我要走了。然後我就會離開。

告訴朋友和離開等等行為是可觀察、可測量的步驟，能顯示他正在達成目標的正軌上。表 2.2 摘述的指導原則和語句能幫助你發展出良好設定的目標。

表 2.2 ▶ 建構「良好設定的目標」

指導原則	語句
以正向語彙（而非負向語彙）陳述目標，像是某個行為的存在或出現，或某件事情的開始。	如果你沒有發怒，那麼你會做什麼來取而代之呢？ 當你停止與父母吵架，你會開始做些什麼事代替爭吵呢？
使用當事人選擇的用語和字詞，以具體、細節化、行為化的語彙來描述目標（以「當事人會做什麼事情」來表達）。	當你的態度軟化的時候，你會做什麼表示你態度軟化了呢？ 你會做什麼以顯示出你與父母相處得很好呢？
界定出當事人會如何朝向目標進展的步驟。	你會怎麼做到？ 你會怎麼讓夢想成真？ 你計畫如何成功實現？

▌案例研討：奇蹟問句的使用

本書基於我實際的接案經驗，呈現了多則案例研討來示範焦點解決模式的重要元素。下述即為其中一則案例研討，當事人 Sue 是一位十三歲、八年級的國中生，正在進行諮商目標的設立。Sue 來見我的原因是希望自己能對母親更坦誠，以改善她與母親的關係；此外，她也希望能避免和朋友去做一些會讓她惹上麻煩的事情（C 為諮商師；S 為 Sue）。

C01 ：這是我要問妳的第一個奇怪的問題：假設今晚妳在安睡時，
一個奇蹟發生了，妳早晨睡醒時，關於妳和媽媽的問題就解
決了。因為妳在睡夢中，所以妳不知道這個奇蹟已經發生
了。早上醒來妳會注意到什麼線索、最初什麼樣的小小徵
兆，顯示這個奇蹟已經發生了？

S01 ：我媽媽或許會說：「妳今晚想要跟朋友出去，和他們做點什麼
嗎？」這是因為我週末對她撒謊了，所以她說她還要一些時
間來信任我。如果奇蹟發生了，她可能會說：「我現在信任妳
了。」

Sue 對奇蹟問句的答案著重在贏得母親的信任；因此需要讓 Sue 提供
細節，描述出她做到什麼事情將使得母親信任她。

C02 ：她會說，當妳做什麼事情時能讓她說出「她信任妳」這樣的
話？

S02 ：我必須靠自己重新建立起她對我的信任。我必須向她證明我
不會再逃家了；向她證明我能被信任，不會背著她做出一些
事。

她的回答還是沒指出行為細節，讓母親知道她會做什麼事情；因此，
重要的是要探詢 Sue 會採取的行動細節。

C03 ：她要如何得知呢？她會說，她注意到妳的什麼地方、妳的什
麼行為，讓她知道妳現在是可以信任的呢？

S03 ：我會對她很坦誠。如果她問我問題，我會告訴她實情。

　　當事人一旦回應行為的特定細節了，便可以繼續探詢他對奇蹟問句的其他回應。

C04　：這個奇蹟發生後，妳媽媽還會注意到什麼呢？

S04　：她會從我的舉動注意到我已經有改變了。

C05　：她會如何得知呢？她會告訴我，有什麼已經改變了？

S05　：她會說我的敵意已經沒了，還有我和她比以前更常相處在一起。還有，我不會再要求她讓我做些我早已知道她不希望我做的事情；因為我現在總是會強迫她：「拜託啦，媽，拜託啦。」所以如果她說「不」時，我會接受她的拒絕。

C06　：相信這些事情全都會讓她知道她可以信任妳了。那麼妳還會看到什麼事情出現，讓她知道這個奇蹟已經發生了？

S06　：我會花更多時間陪媽媽，當她對我說「不」的時候，我不會翻白眼，不會跟她爭辯，而是會接受她這個回答。

C07　：所以不會翻白眼和爭辯，那麼，妳會怎麼做呢？

S07　：我會說：「好的，沒關係」，然後就繼續做我的事情。

C08　：好的，有一點是妳會說：「好的，沒關係」；另一件妳說妳會做的事情是，妳會花更多時間……陪媽媽。

S08　：我們會一起坐著看電視，因為我以前總是躲在房間裡講電話。我們會有更多共處的時刻。

C09　：妳也會用說的，而不是用吵的；當她對妳說「不」的時候，妳會接受她的回答。這是什麼意思呢？

S09　：我會爽快的說：「好的，沒關係。如果妳不希望我去那裡，這樣妳比較不會擔心我的話，我就去其他地方。」我會爽快接受，去我可以去的其他地方。

C10 ：那麼，如果妳剛剛描述的這些事情全都開始發生了，妳媽媽
　　　會如何回應妳呢？

S10 ：我媽媽會感到很高興。

C11 ：那麼當她因此而感到高興時，她對待妳的方式會有怎樣的不
　　　同？

S11 ：她可能會解除我的禁足令，讓我做更多我想要做的事情。

C12 ：妳知道這個奇蹟已經發生的第一個小訊號是什麼？

S12 ：我不會在屋裡轉來轉去、對媽媽吼叫。我應該會說：「嗨，媽
　　　媽，妳今天工作得怎麼樣？妳都在做什麼呢？妳想做些什麼
　　　事情嗎？」然後當媽媽要我去外面餵貓時，我會說：「好啊，
　　　我會去餵貓咪和小鳥，還會把狗狗帶到外面。」我以前會說：
　　　「好啦，我又不想餵貓。」我甚至願意摺浴巾，因為我是很討
　　　厭摺浴巾的；她以前總是叫我趕快摺浴巾，而我都是在講電
　　　話或看電視，說：「不要，我才不要幫妳摺浴巾。」

C13 ：如果妳做了所有這些事情，又會發生什麼事呢？

S13 ：我媽媽大概會說：「妳有發燒嗎？」然後她會開始再次信任
　　　我，又可以讓我跟朋友出門了。

本章摘要

　　SFBC 強調建構出「良好設定的目標」，亦即以具體、行為化的語彙
描述出細節的目標。透過詢問能顯露出解決之道的問句，將能進一步促進
目標的發展。SFBC 取向中，奇蹟問句是個很關鍵的假設性問句。奇蹟問
句給予當事人一個機會，讓他們夢想「問題不存在時，生活會是什麼樣
子」或「如果他們達成目標了，生活會是什麼樣子」。

練習活動

練習一 **練習將一個不明確的目標，加以細節化**

回應下列例句，以引發當事人的目標細節。

1. 當事人：「我想得到更好的成績。」

   諮商師的細節化回應：＿＿＿＿＿＿＿＿＿＿＿＿＿＿＿

   ＿＿＿＿＿＿＿＿＿＿＿＿＿＿＿＿＿＿＿＿＿＿＿＿＿＿＿

2. 當事人：「我想做會讓父母引以為榮的事情。」

   諮商師的細節化回應：＿＿＿＿＿＿＿＿＿＿＿＿＿＿＿

   ＿＿＿＿＿＿＿＿＿＿＿＿＿＿＿＿＿＿＿＿＿＿＿＿＿＿＿

3. 當事人：「我想要有更多朋友。」

   諮商師的細節化回應：＿＿＿＿＿＿＿＿＿＿＿＿＿＿＿

   ＿＿＿＿＿＿＿＿＿＿＿＿＿＿＿＿＿＿＿＿＿＿＿＿＿＿＿

參考答案可參見附錄 A（頁 198）。

練習二 **體驗奇蹟問句**

想一個最近困擾你、你希望可以停止出現的難題。回答下列關於你的困擾處境的問句：

- 你希望看到自己做什麼事情，而非你目前在做的事情？
- 假設今晚，一個奇蹟在你安睡的時候發生了，所以你沒有意識到這個奇蹟已經發生。當你睡醒時，你早先指出的難題已經不再是個問題了。你會注意到自己在做什麼和以往不同的事情，而讓你知道這個奇蹟出現了？
- 誰會第一個注意到你不同以往的行為？

．當他們注意到你不同以往的行為時，他們會如何回應你？

．對於他們的回應，你又會怎麼回應他們？

回答這些問句，你會體驗到 SFBC 歷程中奇蹟問句系列探討的一部分。使用奇蹟問句之後，接著來看第三章介紹的步驟：界定出成功事例、評量，以及建構訊息。

CHAPTER 3

發現與建構解決之道

　　晤談中，一旦發展並擴大當事人對於成功的假設性圖像，下一步要繼續探詢的是部分奇蹟已經發生的時刻。當事人往往會很快注意到生活中的不如意，但卻難以覺知那些至為重要的成功事例。因為解決之道常容易被人忽略，當事人也習慣性難以辨認出困難的例外之處。SFBC 歷程的下一步驟即是企圖引發當事人曾經成功的記憶，即使只是微小的成功。「成功事例」（有時稱為「問題的例外」）反映出當事人目標已經（曾經）部分達成之處，以及當事人的問題較不嚴重或全然不存在的時刻。

　　將當事人注意力導向成功的例子，是促成改變的有力工具。如同Guterman（2006）指出：「焦點解決諮商認為，若當事人能夠界定出問題的例外並予以擴大，那麼當事人便能產生深刻的翻轉——例外的思維將會成為一種原則與習慣。」（p. 73）

　　為了發現與建構解決之道，諮商師應將當事人的注意力導向進展發生的時刻，即使是非常微小的進展。甚至在當事人提及他們難過稍減或不那麼沮喪，或稍具生產力的微小成功時刻，其實都暗示了解決之道的存在。當事人通常會忽視自己的小小成功或較無問題的時刻，因而這些正向事件便從記憶中淡出。「忽視問題會使問題滋長，忽視解決之道會使解決之道消逝」這句話貼切地描述了多數當事人的經驗。因此，積極發掘當事人先前重複使用但卻未被辨認的解決之道，是諮商師與當事人極重要的任務。

　　焦點解決諮商師堅信，所有當事人都曾經驗過那些沒有遇到問題、甚至是成功的時候。思考下述例子：致力尋求健康生活型態以取代吸毒生活的當事人，當他們產生吸毒衝動但克制自己不吸毒並忍耐到下個小時，這樣的情況即使只發生了一次，也是個能重複再現的解決之道。在當事人回答「你是怎麼讓那一次的經驗發生呢？」的問句時，將能認可到自己的資源與優勢，如此他們便會被賦能。接著，諮商師即可用振奮式引導（cheerleading）的形式給予當事人支持與增強，表彰他們的努力。

　　本章將深度討論「辨識成功事例」的重要性。成功事例意指當事人達
成部分目標的時刻，即使成功事例在當時並未被辨認出來。本章也將介紹
「心靈地圖」、「振奮式引導」和「標示地雷區」等處遇方法之要訣與工
具，來幫助諮商師探索事情好轉的時刻，以及了解當事人是如何使之發生
的。如何使用評量來建立基準點與測量進展，並運用訊息的撰寫以有效強
化進一步的正向改變，也涵蓋於本章之中。本章結尾則提供一個機會，讓
你針對第二章結尾練習活動中所選擇的難題，練習成功事例的界定及評量
的使用。

 # 發現尚未辨識的解決之道：成功事例

　　從晤談開場一直到這個階段，諮商師已經向當事人傳達了一個強烈的
訊息：你信任他們能自己界定目標；你也相信他們有能力構想當他們朝向
目標達成邁進時，他的生活會是什麼樣子。當你運用接下來的這個 SFBC
步驟時，傳遞出的則是：「當事人已經使奇蹟的某部分發生了」的概念，
而繼續傳達著你對當事人優勢與能力的信任。因此，諮商師需要仔細傾聽
當事人的意見，從當事人的字詞語彙中，捕捉到那些暗示著對當事人有效
之事物所在，即使只是略微有效而已。更重要的是，你必須訓練當事人關
注自己的成功之處而非種種失敗。例如，於所有學科中只有一科及格的當
事人，便在那個及格科目中顯現出某些成功的訊號。要符合解決導向之理
論取向，你需要專注在這位當事人及格的科目，以及當事人是怎麼讓這科
及格的事實發生的。此外，若有一些科目成績的些微進步，也提供了線索
顯示讓當事人取得成功的資源。

　　當事人的語言掌握了照亮這些微小成功──這些成功事例──的關
鍵。「大多時候」、「幾乎總是」、「有時候」、「通常」等語詞實際上都暗

示了問題的例外。舉例來說,「問題大多時候都一直在發生」暗示了問題至少有些時間是不存在的。聚焦在問題稍微不嚴重或著眼於失敗沒有持續發生的時刻,也能凸顯出可加以複製的成功經驗。經由重新建構當事人對其處境的觀點,將能幫助他們認可解決之道的存在。

當事人以症狀(我很憂鬱/寂寞/焦慮)來呈現關注之處時,上述這種聚焦於微小成功的策略是很有用的。詢問當事人:有沒有一些時候是這些症狀應該會發生但卻沒有出現的情況?當事人通常就會表示症狀並非總是發生。接著你可以詢問:「那麼這表示有些時候你是不憂鬱/寂寞/焦慮的,跟我多說說這些時候的情況。」當事人對於這個問題的回答常會顯示出他們的因應技能。一旦當事人認識了這些過去對他們有效的因應技能,他們便可以複製過去的成功而減緩未來的症狀。

如同其他諮商取向一般,諮商師應避免詢問以「是」或「否」回答的封閉式問句,也要避免詢問以「是不是」、「有沒有」、「能不能」、「可不可以」為開頭的問句,因為這些問句將會限制當事人聚焦於例外的能力(例如:「有沒有什麼時候是這個奇蹟的某部分已經發生的呢?」「你能不能回想起這個奇蹟發生過的時刻,即使只發生了一下下?」「可不可以請你告訴我,這個奇蹟曾經發生的時候?」)這一類的措辭有兩個缺點:(1) 此問句創造出可被簡略答以「不」或「沒有」的封閉式問句;(2) 此問句暗指了可能有奇蹟發生的時刻,但也給予可能沒有發生的暗示。結果你失去了機會,無法傳達出你對當事人達成目標所具有能力的信心。

一個最為有效的方式就是在問句中覆述成功事例,表達你對部分奇蹟已然發生的預設,這樣提問問句的方式將能幫助當事人延展心智而察覺過往的成功。你可以運用如下的處遇方法,我稱之為「何時」(when)問句,傳達你預設成功存在:

- 「上次有部分奇蹟發生是在什麼時候？」
- 「告訴我一些這個奇蹟的一部分已經發生的時候，即使只發生了一點點。」

　　請確認在當事人描述成功事例的當時，記得寫下筆記。前章提及，你會於晤談結尾時運用這份筆記撰寫一則訊息給當事人，成功事例的資訊是你希望含括於訊息中的一個重要來源。

　　下列案例說明了成功事例的發現過程。Maria 是一位十歲的小學五年級學生，一直很擔心她母親的住院情形。她的母親被診斷患有雙相情感疾患，母親的情緒擺盪嚇壞了 Maria。由於經常想著母親的事，Maria 的課業表現變差了。Maria 的諮商目標是，希望可以用比較愉悅的思緒取代自己的負向思緒。在探索 Maria 具有愉快思緒的事例時，她提及當想起騎腳踏車、與媽媽和朋友玩遊戲、在學校閱讀書寫等時候，將使她能夠切斷負向思緒並能有較為愉悅的思緒。當 Maria 提及此，晤談的焦點便立即轉移到這些她可以「切斷」負向思緒並隨之「開啟」正向思緒的時刻。辨認出這個重要成功事例，使她回憶起，她是如何將自己的思緒從擔心媽媽轉移到運動、音樂和學校的。她確認了一個在她需要時便可加以複製的資源。

　　在指認出成功或成就事例後，晤談接著應將這些例外經驗的具體行動予以細節化。幫助當事人憶起相關資源的特徵，能激發當事人的成就感。

　　要界定出例外，諮商師的耐心與推進或許是必要的，因為一些當事人可能會表示「我不知道」，或聲稱「我不認為它曾經發生過」。諮商師或可這樣表示：「在你快速回答我之前，現在再想一下，那件事情什麼時候曾經發生過，即使只有一小部分？」有時候，使用一種我稱為「微觀檢視」（microscoping）的技術能使當事人回憶起曾發生但為其所忽略的事情。聚焦在「最近」可能發生過的事情通常很有幫助，例如那一週、那一

天或那一小時發生的事。此外，諮商師也可以用口頭的方式很快地帶當事人回顧他們對於奇蹟的描述，這樣的分享將激發當事人容易從中提取出問題的例外。

　　Mac 是一位六年級的男孩，因為經常在學校違反校規且學科未能及格而有了麻煩。他的諮商目標是開始遵守校規並改善成績。當被問及奇蹟已部分發生的時刻，Mac 回答：「這個奇蹟沒有發生過」，於是引發了下列對話，這段對話示範了微觀檢視的運用（C 為諮商師；M 為 Mac）：

C01 ：告訴我關於老師要你去做而你也真的能夠去做的一些情況。

M01 ：我不記得有任何時候發生這樣的情況啊。

C02 ：現在來想想看，Mac，想一下下。今天呢？今天有什麼時候是
　　　這種情況曾經發生了一點點的？（**微觀檢視**）

M02 ：（停頓了一下。）嗯，我猜有吧。今天我們要離開圖書館的
　　　時候，老師要我們大家排成一直線走，我照做了。

C03 ：那跟平常有什麼不一樣嗎？

M03 ：噢，是啊，我通常會在置物櫃那邊一直跳上跳下的。噢，對
　　　了，今天我在學生餐廳奔跑，但在學生餐廳是不可以奔跑
　　　的，所以老師叫我回來。我就回去了，用走的。

C04 ：這對你來說跟平常是不同的嗎？

M04 ：噢，是的，我通常會繼續跑，也不會回去。然後他們就會生
　　　氣，會來追我，之後就罰我禁足了。

　　Mac 起先無法想到任何成功事例，然而在經過持續探問後，他便能發現與辨認出奇蹟已經發生過的片刻。聚焦在當日的事件讓 Mac 界定出兩起成功事例。

二 藉由認可既存資源而賦能當事人

　　成功事例一旦被界定，當事人便可以接著發現，他們那時是如何採取相關的步驟朝向奇蹟的。在當事人了解到自己是如何帶出改變的同時，也發展出了一張「心靈地圖」（mindmap），向他們顯示達到目標的路徑。

(一) 發展心靈地圖

　　「心靈地圖」乃指個體所發展出能引導個體達成目標之相關行動的系列看法，如同一張能指引當事人抵達目的地之地圖一般。心靈地圖的建立需仰賴對「當事人何時產生了成功」的行為事例進行回憶與強化——即使只是一個小小成功。心靈地圖將創造出一種關於「什麼是有效的」的思維印記，試圖強化一種最終會創造出「具生產效益習慣」（productive habits）的思維模式，意即，使當事人能養成「在之前造成困境之處做出成功行為的習慣方式」。在當事人認識到自己的資源、責任與優勢時，他們會感到被賦能而對自己負責。以下將心靈地圖發展為解決之道的若干處遇方法，以下列問句呈現：

- 「你是怎麼做到的？」
- 「那個時候跟平常有什麼不同？」
- 「那時你是做了什麼而讓它能對你產生效果？」
- 「你會如何解釋這些改變的發生？」
- 「那真是有很大的不同。你是怎麼能夠帶出這樣的改變的？」
- 「那時你有什麼不一樣的想法？」
- 「你是怎麼做這件事的？」

心靈地圖問句有時候並不容易回答。如果你得到的回答是「我不知道」，你可以用「如果，你知道的話」來回應。如同第二章所述，詢問「如果」問句將能減輕必須想出正確答案的壓力，因此給予當事人一些自由的空間來探索可能性。耐心的持續重述「如果」問句，常會催化出一些答案，而讓當事人從中發現如何達成目標。

(二)「接受擁有權」的處遇方法

有時候當事人無法認可自己在成功上所扮演的角色，而將他們的成就歸功於其他人。為幫助當事人接受自身成功的擁有權（ownership），你可以詢問如下的問句，幫助當事人認可自己在導致成功事例發生的角色：

· 「我打賭你之前也有被告知過要這樣做，但你之前沒有改變。所以這次跟以前有什麼不一樣的地方呢？」
· 「所以你也常常聽到老師／父母／校長／老闆這樣說，過去這些話好像左耳進右耳出。但是今天卻不同了。你這次是怎麼能夠聽進去而決定去做的呢？」

以下範例描述了協助當事人「接受擁有權」的處遇方法（C 為諮商師；CL 為當事人）：

C01 ：說說你本來打算不做回家功課，但是你後來還是有做的一次經驗？

CL01：上週有一次我本來要跟朋友去打籃球，但是我後來決定和朋友出門以前，先留在家裡做功課。

C02 ：你是怎麼做到的？是怎麼能努力讓它發生的？

CL02：我媽媽叫我最好要做功課，否則我將來不會有出息。（**在這樣**

的解釋中，當事人將這個成功事例歸功於母親。）

C03　：嗯，我打賭你之前就聽媽媽說過這些話了，不是嗎？（「**接受擁有權**」的處遇方法）

CL03：是的！

C04　：但那個時候你還是沒有做功課？

CL04：是的！

C05　：那麼那天是很不一樣的。是什麼讓那天媽媽的這番話對你來說有所不同呢？

CL05：我下定決心說，我和其他小朋友是一樣聰明的，所以我一定可以做到。

C06　：所以這對你來說是一個新的決定。你這次是怎麼做出這個決定的？

CL06：我就告訴我自己啊，我想要能及格、要能升上七年級，所以我做了我的作業。

　　這個處遇方法幫助當事人了解，他是導致自己成功的因素。

(三) 振奮式引導

　　振奮式引導（cheerleading）即是以讚美來支持與鼓勵當事人的成功。學生們特別喜愛自己的成就能獲得別人的肯定與認可，尤其是那些需要諮商的學生。他們的世界充滿著別人對其問題行為的強調與評論；不管是在學校內外的生活情境往往都是如此。發現當事人好的、正確的地方並讓他們知道，將會擴大他們的視野並提升他們的自尊。任何成功事例或問題的例外都需要獲得辨識與承認，無論多麼微小。你可以採用以下方式來執行振奮式引導：

- 改變你的音調以傳達出熱忱，顯示你有多為當事人的努力所感動。
- 在當事人嘗試新行為時表達出興奮。
- 表明你對於當事人的成熟想法或行動相當印象深刻。
- 對於當事人創造性的想法或決定表達驚豔。
- 對於當事人堅持新行為、不輕言放棄的付出與承諾，表現出你的欣賞。

　　要小心不以施惠、高姿態的態度來對當事人進行振奮式引導。你說的話需要發自於你的真誠內心，這點是很重要的；否則你的評價會顯得言不由衷，而抹煞了截至目前於晤談中所產生的效果。於振奮式引導的語句中包含給予讚美的特定原因，會更具有真誠性，你可以運用「因為」（because）這個語詞來鑲入給予讚美的理由，例如：

- 「哇！你是如何能努力做到……，因為那顯現了你的勇氣。」
- 「你能夠……真是太了不起了，因為那顯示出你有多麼成熟。」
- 「我對於你是如何……真的十分印象深刻，因為那意味著你能夠做出很棒的決定了。」
- 「你是怎麼能想出這個辦法的──因為大部分你這個年齡的孩子是無法做到的。」
- 「你是說你才十一歲嗎？真讓我印象深刻，因為你的思考像是一個十四歲的孩子。」
- 「你是如何能夠想出這些想法的──因為大多數你這個年齡的孩子是不能想得那麼清楚的。」
- 「在這些情況下你能保持鎮定真是太難得了，因為大部分的人都會手足無措，可是你並沒有。」

　　類似上述這些評論，能增強與鼓勵當事人這些嘗試造成成功的行動，而願意再三努力。

　　下述是與 Sue 會談的片段。Sue 是第二章中提及前來會談以改善與母親關係的十三歲女孩。以下對話示範了成功事例、心靈地圖、細節化、振奮式引導，以及循環關係問句（C 為諮商師；S 為 Sue）：

C01 ：嗯，妳真的想出了一些好主意，妳真的做到了。告訴我一些這個奇蹟的某些部分曾經發生的時刻。（**成功事例**）

S01 ：昨天晚上。

C02 ：真的！跟我說說那個情況。（**細節化**）

S02 ：我正在玩任天堂遊戲時，我媽媽叫我：「可以打斷妳一下嗎？」然後我說：「好啊，當然。」然後她說：「妳可以立刻幫我餵一下貓嗎？」我就說：「好啊，當然。」因為她好像是在摺毛巾和煮晚餐。我走進去的時候，看到她在摺毛巾，鍋子在沸騰，我說：「好，我會幫妳餵。」她好像說：「妳確定嗎？」我說：「是的。」

C03 ：嗯，是什麼讓這件事發生的？因為通常妳是不會做這件事情的？（**心靈地圖**）

S03 ：嗯哼，我不知道。或許是因為我希望我跟我媽之間可以相處得好之類的。

C04 ：妳真的很有想法呢，因為妳了解到如果妳和媽媽合作並幫忙她，會幫助妳和媽媽相處得好。（**振奮式引導**）

S04 ：嗯嗯。然後有一天她問我房間裡面有沒有髒衣服。我說：「有。」她說：「妳可以幫我把它們拿出來嗎？」結果我竟然就說：「不，現在不行。妳為什麼不自己進來拿？」沒有啦！

我是說:「好啊,當然,我會把衣服拿出去。」通常我會說:「不要,我不想拿。」

C05 ：天哪,妳就去做了,完全沒有跟她爭吵,令我印象深刻。因為那表示妳真的很希望可以和媽媽相處得很好,也為這個目標做了努力。(**振奮式引導**)

S05 ：沒錯。我甚至沒有說「等一下」,所以她也不必提醒我或說什麼其他的話。

C06 ：哇!妳那樣做的時候她是怎麼回應的呢?(**反向循環關係問句**)

S06 ：她說:「噢,謝謝妳,親愛的!妳真的幫了我很多。」然後她好像還說:「妳還好嗎?」

C07 ：(**笑**)那個反應表示她很興奮。

S07 ：像她叫我先不要玩任天堂遊戲、快去餵貓的時候,她也是說:「妳還好嗎?妳為了我而停止玩電動。」

C08 ：那麼當她那樣說的時候,妳怎麼回應她呢?(**循環關係問句**)

S08 ：我說:「是的,媽媽,我覺得很好,我真的想試著幫妳一些忙。」

C09 ：妳告訴她妳真的想多幫她一些?

S09 ：嗯嗯。

　　成功事例暗示了解決之道是存在的。心靈地圖照亮了這些時刻,幫助當事人認識自己的資源;此時應加上振奮式引導,強化當事人的正向想法與行動。同時運用心靈地圖和振奮式引導會成為有力的工具,幫助當事人帶出解決之道。

三 評量基準點與進展

　　於諮商領域中存在一個議題是，評量諮商成果是具有難度的。SFBC
常運用的評量（scaling）便提供了一個量化當事人進展的方式。當事人以
0 到 10 的量尺來評量自己：在與他們目標相關的程度上，0 是指事情狀態
是他們經歷過最糟糕的時候；10 則是指奇蹟發生的隔天，讓他們來諮商
的問題已獲解決的時候。評量是 SFBC 歷程的一個關鍵要素，能達成幾項
目的：在初次晤談中，評量提供了基準點，對於目標的達成界定出當事人
知覺自己正處在什麼位置；在後續晤談中，評量則可作為進展的測量工
具。同樣重要的是，當諮商師詢問：「當你從量尺上升 1 分時，你會做什
麼不一樣的事情呢？」評量為問句建構了一個基礎，認為當事人真的能做
什麼來獲得改善。

　　對於較年幼的兒童來說，可以將評量的過程稍做調整。由於五到七歲
的兒童對於分辨數字可能尚有困難，諮商師可以試著採用選擇範圍更小的
量尺；或者也可以運用系列性的 10 個表情圖案（底下亦標有數字），一
端是明顯的愁眉苦臉，另一端則為燦爛的笑容；此外，也可以直接使用一
把 30 公分的尺來進行評量。年幼的兒童往往需要較為視覺化的協助，因
此可運用類似上述的道具讓他們更容易界定出他們的評分。

　　評量是焦點解決歷程一個非常具有價值的環節，無論對當事人還是諮
商師（或治療師）而言。一位心理健康機構的心理學家即指出評量具有下
述益處：

　　　　家長喜歡量尺，這樣可以讓他們知道治療是有盡頭的，也可以讓
　　他們真切的了解到他們在往何處前進著。

孩子也很喜歡量尺以及清楚的目標。我常常詢問已經接受治療一段時間的孩童：他們為什麼在這裡？他們正在為什麼做努力？太常看見孩子顯然是不知道答案的。問題與目標常常是由家長以大人的觀點來談論；孩子並不太知道，甚至是完全不知道治療的焦點究竟何在。此時若運用焦點解決方法，孩子便能得到聚焦的焦點。（E. Jackson, e-mail, January 16, 2014）

(一) 測量基準點的評量技巧

在建立目標、詢問奇蹟問句、界定成功事例、發展成功路徑的心靈地圖，以及執行振奮式引導之後，SFBC 歷程的下一步即是運用評量來建立基準點，並指出關於達成目標，當事人認為目前自己所處的位置在哪裡。當你請當事人以 0 到 10 的量尺評量自己，當事人評出的基準點分數通常會高於 0，常見的分數是 2 到 4 分。透過 SFBC 的晤談歷程讓當事人能開始界定出以往不被承認的成功之處時，往往就已經造成當事人的進步了。任何高於 0 的評分都暗示了事情曾經更糟，而現在某些部分已經有比較好了，即使只有一點點進展。經由界定當事人是如何讓情況好轉能夠發生，直指出他們已經可以取得解決之道，也賦能了當事人認可自己的資源。你可以詢問當事人以下問句，以引發解決之道的浮現：

- 「所以你是在 2 分──你是如何讓分數可以在 2 的呢？」
- 「你做了什麼讓自己可以到 3 分的位置呢？」

運用細節化、循環關係問句以及振奮式引導，來引發特定細節並強化正向行為。

對於當事人表示處於 0 分的罕見情況，則將焦點放在：當事人出現在你的辦公室反映了當事人期望讓事情好轉。諮商師可以提醒當事人：前來

諮商是正向的一步，因為這表示了他願意嘗試努力的意願。例如，當事人是如何在這樣看似絕望的情況中，仍然決定來見你？當事人是如何努力起床、梳洗更衣，而能在早上於你的門前露面？這些行動訴說了當事人某些改善事情的渴望。你也可以詢問當事人，是什麼給予了當事人「是可能有希望能夠解決困難的」想法，或者詢問當事人為什麼不是負 1 分——當事人如何能夠繼續努力保持現況？詢問情況何以沒有比現在更糟乃暗示當事人所擁有的因應能力，當事人用以度日的因應策略實際上正是需要加以發展的解決之道。

　　諮商師要確實記下當事人界定出的數字，以作為他們在量尺上的基準點數字；在你詢問當事人當他們高 1 分時，他們會做什麼不同的事情時，也一樣要記下當事人的回答，這些訊息在晤談結尾要寫訊息給當事人時，將能派上用場。

(二) 提升量尺分數的處遇方法

　　諮商師邀請當事人在 0 到 10 的量尺上評估自己目前所處的位置，並且討論他們如何使之發生以及相關行動的循環影響之後，諮商師即要鼓勵他們探討朝向進展的一小步。可以詢問當事人，當他們在量尺上升高 1 分的時候，他們將會做什麼不同的事情。由於採取小步伐將會增加達成終極目標的機會；所以，諮商師應幫助當事人界定出現實上可以達成的、前進 10% 的樣貌為何。所有先前的步驟——以正向的方式界定出目標、探索奇蹟問句與假設性的解決之道，以及界定出成功事例與問題的例外——都讓當事人準備好進行解決之道的思考，以至於當事人要預想進一步的成功時會變得更為容易。

　　為鼓勵進一步的進展，可詢問當事人預設性的「當」（when）問句。例如：

- 「當你在量尺上提升 1 分時，那時你會是在做什麼事情是你現在沒有做的？」
- 「當你在量尺上提升一個數字時，你的老師（父母、手足、朋友）會看到你做了什麼，表示分數真的上升 1 分了呢？」
- 「當你在量尺上的分數從 4 移動到 5 時，＿＿＿＿會看到你在做什麼不同的事情呢？」

　　詢問「當」（而非「如果」）的問句，乃傳遞了暗示進展定會發生的正向訊息。詢問「當」的問句而非「你必須做什麼事情」的問句，也向當事人傳遞了：你相信他們擁有取得成功的能力。於當事人回答之後，記得運用細節化來探索他們會如何為了自己而讓這些改變真的發生。例如（C 為諮商師；CL 為當事人）：

C01 ：處在 4 分，表示你已經找到一些方法讓你和你老闆的關係好轉了。

CL01：是的，我的確認為那些方法有幫上一些忙。

C02 ：當你提升到 5 分時，你會做的是什麼不同的事才到了 5 分？**（提升量尺分數的處遇方法）**

CL02：當我的值班時間一到，我會確保自己已做好了開始工作的準備，而非只是剛剛進門而已。

C03 ：那麼，當值班時間一到，你會做什麼顯示你已經做好開始工作的準備了？**（細節化）**

CL03：我會把我的東西收起來，然後我會站在我的工作檯旁邊。

四 標示地雷區：辨認與克服阻礙

當事人界定出他們如何能在量尺上提升 1 分後，下一個處遇「標示地雷區」（flagging the minefield），則幫助當事人界定（標示）達成目標的阻礙（地雷區）。透過對於潛在阻礙的預期，以及確認出當事人可能可以執行的處理方式，將能幫助當事人免於措手不及或因而挫折沮喪。這樣做也能讓當事人預備面對前方的挑戰，並幫助他們對於面前的困難工作具有現實感。

標示地雷區的一個方式是：回顧當事人先前曾經使用過成功處理阻礙的策略。你可以運用如下評論來開啟這個討論：

- 「你的計劃聽起來很棒。只是我們都知道，有時候，某些事或某些人可能會妨礙你完成想要做的事情。你覺得這樣的事可能會如何發生在你的情況中，以及你會如何處理呢？」
- 「過去發生這樣的事情時，你曾經做了什麼有助於你繼續保持在達成目標的軌道上的？」
- 「你認為你可以做什麼，才不讓這些事情妨礙你？」

五 以訊息來總結初次晤談

為當事人建構訊息（message）的重要性，再怎麼強調也不為過。基於個人的經驗以及其他運用 SFBC 之實務工作者的回饋，我知道跳過撰寫訊息步驟的這個想法是很誘人的；尤其如果晤談進行了很久，而且你的下一位當事人已經在外等候，或者你那天的行程完全是滿檔的，省略此步驟看起來好像是個權宜之計。然而，基於我的經驗及其他心理健康專業者的

觀點，當諮商師將建構訊息納入 SFBC 模式時，會造成更為顯著的諮商效果。

來自一位臨床心理學家的回饋強化了建構訊息的價值，她聲稱：「晤談結尾時所提供的訊息具有令人驚奇的力量。我開始運用這個方法來與一些當事人工作，他們都對這些信息緊握不放，還將它們放在皮夾裡，或總是把它們張貼在醒目之處。」她也描述到對於一位有虐待、藥物濫用、恐慌症與雙相情感疾患歷史的當事人，訊息扮演了促進她朝向目標進展的角色：

> 我們進行了焦點解決晤談的初談之後，當事人隨後立刻將我寫給她的晤談訊息秀給父母親看。這促使他們進行了開放的討論，關於他們看到她的改變，以及她對於他們支持的需求。她以前一直很害怕且不知該如何以堅定的態度對待她的父母，而訊息的存在讓她能以一種不具威脅性的方式來向父母介紹她的改變。（E. Jackson, e-mail, January 16, 2014）

如果你期望實施完整版的 SFBC 模式（包括納入建構訊息的步驟），但又有時間上的限制，那麼我建議你考慮運用本書第五章所呈現的 SFBC 模式濃縮版，能讓你有足夠的時間來撰寫訊息。

給予當事人書面的訊息能滿足幾項目的。首先是能提供當事人一個具體的提醒物，包含提醒他們的優勢、正向想法與行為，以及當事人已經達成的成功事例。這樣的訊息將成為有助於當事人建立自信、強化正向行為，以及在兩次晤談之間繼續進步的有力工具。同時，你寫給當事人的訊息也對你自己有所助益，因為它能便利、快速的提醒你關於當事人的情況、目標、優勢與資源，以及過去有效的事物。

訊息這個要素是發生在會談的結尾，你會花幾分鐘回顧你的筆記、反思這次會談，然後撰寫訊息給當事人。訊息由三個部分組成：(1) 讚美、(2) 橋梁陳述，以及 (3) 任務。

要讓當事人在這個諮商師反思及撰寫的時段當中感到自在，同時讓身為諮商師的你於此時段是具有生產性的，一些實務上的祕訣可供參考。在晤談歷程的這階段中，你通常會與當事人一起留在晤談室內，你可以讓當事人在你建構訊息的時候也完成一份書寫作業。你可以要求當事人寫出心得，描述他們在今日的晤談中學到了什麼，或者寫下他們會看到自己在做什麼事情，顯示他們正在讓事情好轉的軌道上。對於較年幼的兒童，一個比較能運作的好方式是請他們畫出奇蹟看起來會是什麼樣子，或者當事情好轉時他們會是在做什麼。

當事人所寫出的筆記或圖畫，對諮商師而言，能在「對於當事人，何謂諮商成功」的部分提供一個很獨特的回饋來源。以下是一位十五歲的高一學生寫給一位諮商實習生的心得，作為她們最後一次 SFBC 晤談的結論；這份心得顯現了當事人的訊息可以多麼富有力量：

Laura：

　　在我與妳會面的時光當中，妳讓我可以說出我心中所想要的，讓我了解到我的優點，也讓我的生活大為改觀。謝謝妳幫助我了解到所有我已經達到的成功。在這樣短的時間裡，我的生活所發生的變化如此之大。我想我主要是覺察到：如果我想要被尊重，那麼我必須要給予他人尊重；我從未想過這件事，直到我來到妳這裡。我們曾有的這些晤談時光，讓我的整個生命從此有所不同。現在我擁有更開放的心靈，而且在妳的幫助下，我知道我可以在任何事情上有所成就，只要我願意去嘗試。我以前沒有做過很多努力，但是我現在全力以赴。心

理上，我已經改變了；我已經成功達成了我們晤談一開始時所設立的目標。所以，再說一次，這一切我充滿感激。

Becky

　　建構訊息是 SFBC 歷程中很重要的一部分，它對會談中所發生之事提供了正向增強物，提醒著當事人自己的資源與優勢，也能提供作業任務讓當事人可以繼續往目標的實現前進。

(一) 運用你的筆記建構訊息

　　如同第二章與第三章所說，會談中你需要將可用來建構對當事人讚美的訊息寫入筆記。這些讚美是從當事人對目標的陳述、奇蹟問句的回應、成功事例或問題例外的覺知，以及評量的思索中所形成。若當事人觀察到你只記下晤談中的正向事物、成功、優勢與資源後，會增強他們繼續進行對其有效用的事情。我注意到，有些當事人甚至會提醒你寫下某些你可能還沒在筆記中寫下的正向事物。

　　書寫筆記可能會令人分心，必須減少書寫的時間方能將分心減至最低；我發現使用紀錄單是很有幫助的（此為我以前的學生 Kim McKinney 所設計的），這張單子列出了 SFBC 模式的步驟，並留有空間讓諮商師註記每一步驟的內容（請見第四章的圖 4.2）。

　　如同前一章所述，諮商師在會談一開始即會介紹建構訊息的步驟，如此一來，在你宣布你需要幾分鐘思考今日的會談、檢視筆記並建構訊息時，當事人就不會感到訝異。以下是轉換至訊息撰寫階段的典型做法：

　　嗯，我已經問完問題了。你有什麼問題想要問我嗎？還有什麼其

他事情是我需要知道，好幫上你的忙嗎？如果沒有，我需要用幾分鐘思考所有你講的事情，也回顧一下我的筆記，這樣一來，我可以寫一則訊息給你，好讓你帶在身邊。當我在寫訊息給你時，我希望你也把你從會談中的獲得或者你認為是我們會談中最重要的部分，以及你這麼認為的原因，也寫一份心得給我（可以請年幼的兒童將他們的奇蹟畫成一幅圖，或者畫出當事情好轉時他們會做什麼）。然後，我們便可以在結束這次會談之前互相分享我們所寫的內容。

有時，當事人可能會不情願，甚至會拒絕寫心得給你；這或許有各種原因，例如，當事人也許對於要清晰地書寫、正確拼字或以文字來表達自己有困難。當這種情況發生時，你可以要求當事人以口語來表達他們對晤談的收穫，而非以書寫來表示，接著，你可以寫下他們所說並誦讀出來，然後核對這份內容是否代表他們想說的話。如果當事人同意你寫下的內容確實代表他們想說的話，你便可以請他們在這份速記單子上簽名，並給他們一份副本，就如同你對當事人所書寫之訊息的做法一般。如果當事人反對以書寫來表達他們從晤談中所獲得的學習，那麼就請他們只要將晤談中的收穫告訴你。僅僅是將自己在晤談中的學習以口語的方式表達出來的這個行動，就會對當事人很有助益。

如同本章前面所述，與小學階段學齡兒童工作時，我發現請他們畫出奇蹟看起來的樣子，能幫助他們回顧晤談中的學習。在你唸你所寫的訊息給當事人聽以前，你可與當事人討論他的圖畫，這張圖畫往往也顯示了晤談對於這位孩子的影響。圖 3.1 的例子呈現了一位十歲小學生所畫的奇蹟圖畫，畫中顯示她能夠將更多愉快的想法「點擊開啟」（clicking），諸如參與運動、騎腳踏車與玩遊戲，而非只是一直被母親的健康情形所纏擾，而阻礙了她在家完成學校作業或擁有愉悅的情緒。

圖 3.1　一位小學生的奇蹟畫作

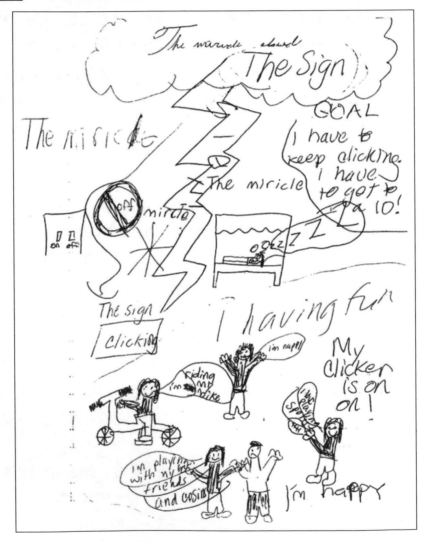

　　在你唸出訊息之後，將你所寫的訊息以及你從當事人手中收到的心得（或圖畫）都影印一份，然後給當事人一份影本，並各留一份在你的檔案夾中。由於訊息援引了當事人的優勢與正向特質，都是正向內容，因此多數當事人都願意與自己的重要他人分享這份訊息。在當事人將訊息展示給父母與師長看之後，父母與師長便都接觸到孩子或學生的正向優點，而這些優點可能是他們原先所忽略的。訊息不僅能強化當事人的成功，也能幫助他人認識及認可當事人的長處。

(二) 讚美

　　在每一次的 SFBC 晤談工作中，要仔細傾聽當事人的優勢與解決之道，並且積極尋找情況沒有那麼糟糕的時刻，即使只是一點點的不同或發揮效用之處。你的筆記裡滿滿都是當事人所擁有的成功，以及關於每項成就的具體細節；而讚美便是由你的筆記彙整而出的。每則訊息中應包含至少二項讚美，每項讚美都應包含當事人展現出來的特定行為細節。讚美就像種子，可在訊息結尾以任務派予的形式加以耕耘。下列是當事人所展現出來可以作為讚美基礎的特質。請記得，這些語詞很多都是可以對調的。舉例來說，「想法」與「決定」都可以是健康的、具生產力之成長性用語。

- 象徵勇敢、健康之冒險、妥協，有始有終的行動。
- 展現了優勢、成長，以及具有規劃或挑戰性的努力。
- 顯示出忠誠、努力、堅持、奉獻、熱誠的承諾與投入。
- 反映出容忍、接受力、彈性、常識、樂於助人的態度。
- 具有創意、正向、理性、敏感、有洞察力的想法。
- 現實的、健康的、明智的、具生產力的成長渴望。
- 基於判斷、後果、機會或選項而做出的決定。

・成熟、聰穎、善解人意、同理、合作等特質。

下述讚美節錄自某則訊息的一部分，是要呈現給一位目前六年級成績不及格、但想要及格過關以升上七年級的男孩。

訊息

對於你想在學校做得更好的承諾和投入讓我印象很深刻。你上週成績的進步顯示你有能力在學校表現得很好。在最近的小考裡你得到 A 與 B，證明你真的能做得更好，你也知道可以藉由每晚讀書半小時並在晚上十點前去睡覺，讓你自己表現得更好。

你渴望取得更好的成績來肯定自己，這讓我知道你真的很重視你自己、你的媽媽、你的老師們和你的朋友們。你也體認到成績能及格是很重要的，這樣你明年才能跟同年齡的朋友們在一起。而你最近的成績也證明了你是很聰明的、是可以做得到的。

這則訊息中的讚美將學生自己於會談中所說的話再次反映，以特別強調他朝著目標努力的特定行為。

(三) 橋梁陳述

橋梁陳述（bridging statement）的內容即是連結了訊息中的讚美與任務兩個部分。首先，「讚美」界定出解決之道，而打下基礎；接著，以這些解決之道為基礎，「橋梁陳述」為後續要指派的「任務」部分提供了理據。橋梁陳述包含兩部分：(1) 簡短提及當事人前來諮商所想要獲得的事物（目標）；(2) 以一個簡短的陳述來開啟任務。範例如下：

・「由於你很渴望改善成績（目標），我會力勸你……」

- 「為了幫助你繼續專注於準時上班（目標），請務必……」
- 「為了你能在父親對你吼叫時繼續保持鎮定，我建議你……」
- 「因為你認識到了交朋友的益處（目標），……會很有幫助。」
- 「由於你承諾的是要去上學而非吸毒（目標），你了解你需要去……」

關於先前提及那位希望能通過考試而能升上七年級的學生，給予他的訊息中，讚美後面可以接著這樣的橋梁陳述：「因為你渴望能在學校表現得更好，也希望能因此更加肯定自己，我建議你……。」橋梁陳述是在「目標與解決之道」以及「派為回家作業的任務」兩者之間，一個很自然的連結。

（四）任務

訊息的第三個部分即是任務，或稱為家庭作業。相較於其他理論取向，這裡的作業並不那麼明確特定。整個諮商歷程中，你傳達了對於當事人能力的信心，相信他們有能力為自己的目標命名，也能夠界定出達成目標時的生活會是什麼樣子。你強調了當事人讓成功事例發生的能力，以及這些能力如何幫助自己取得了進展。基本上，會談已轉化為提升自尊心的一種推動歷程，在此推動歷程中，展現了你堅信當事人擁有獲取成功之能力。非特定任務的作業型態傳遞的清楚訊息是：信任當事人會以對他們而言最適合的方式，來完成回家作業。作業的非特定性也鼓勵了當事人的創造力。如果你擔心當事人對於完成一項非特定任務會有困難時，你可以先就訊息中的讚美部分，再次認可當事人的成功細節，鼓勵其行動的計畫，將有助於他完成任務。

在不同情況中可以派予的作業類型，如下述任務所示：

- 若當事人能夠界定出成功事例或問題的例外時，指派給他們：(1) 去做更多會令他們成功或例外再次發生的事情，(2) 注意並繼續去做對他們有效益的事情，(3) 去做在 0 到 10 分之量尺上，可以提升 1 分所需要的事情。

- 若當事人對其目標不清楚、不情願採取行動，或一直關注在問題上時，指派給他們：(1) 觀察情況比較好的時候，(2) 關注問題的例外正在發生的時候，(3) 專注於問題嚴重度比較不強烈的時候，(4) 注意當他們正在往正確的方向前進時，在做的是什麼事情，或者 (5) 用一整天的時間假裝他們的奇蹟已經發生了。

- 若當事人不承認問題或無法想出諮商目標時，讚美他們的成功與正向部分，但是別指派任務給他們。

以下任務指派是給先前那位考試不及格、但有心想要通過的當事人：「注意從現在到下週我們再次會面之間，你成功做完功課的時候；尤其請你特別注意在你就要分心的時候，你是怎麼讓自己保持在達成目標的方向上前進的。」

而前面引述 Sue 的案例中，我用以下段落呈現我晤談中的筆記，以及之後我為 Sue 寫出的訊息。

目標

　　我希望能與母親坦誠相對。

　　我希望能改善與媽媽之間的關係。

　　我希望能避免去做朋友叫我做，但我知道是錯誤的事情。

奇蹟

　　媽媽會說：「我相信妳，妳可以跟朋友出門。」

　　對媽媽真誠，因為我不想傷害她。

　　我的態度會轉變，我會合作，我會說：「好的，沒關係。」

　　週末花更多時間陪媽媽，一起看電視，共享時光。

　　接受她的回答：「好的，如果這會讓妳覺得比較好的話，那我會做其他事情。」

　　態度會變得更好：「我會看著她的眼睛且不翻白眼。」

　　早上向家中的每個人說「哈囉」。

　　餵貓咪及其他寵物。

　　摺毛巾並主動幫忙媽媽。

對於問題的成功事例／例外

　　在玩電動時，被叫到的時候我就去餵了貓。

　　被要求要拿出髒衣物時，我有去拿。

評量

　　3分，因為我週日有跟媽媽說話。

　　幫忙做了家事。

　　來你這裡見面進行諮商。

　　當妳在4分的時候，那時妳會是在做什麼呢？

　　我需要幫媽媽做更多事情，像是自願幫忙清理鳥籠。

　　摺毛巾、在媽媽下班回家以前清掃客廳。

　　繼續與諮商師會面。

　　跟媽媽交談並對她真誠。

　　由這些筆記中，我建構出下面訊息。基於教學的目的，會加入「讚美」、「橋梁陳述」與「任務」這幾個語詞，以辨別出訊息的不同部分；在當事人實際收到的訊息中，這些語詞是不會出現的。

讚美

　　我對於妳多麼希望能以負責任的表現來與媽媽建立信任和真誠的關係，感到印象非常深刻。妳對媽媽回應像是：「好的，沒關係」或「好的，我會做其他事情」，能向媽媽證明妳是可以很合作的。

　　妳了解到，直接的眼神接觸而非翻白眼、向家人說哈囉、幫忙家務如餵動物，以及做一些清洗衣服與其他家事等等，可以向媽媽證明妳的態度已經改善了。

　　妳也了解到，尋求諮商的幫助、與媽媽真誠交談，以及在媽媽下班返家前清掃家裡，會對妳和媽媽之間關係的好轉有很大幫助。妳已經開始做到被媽媽要求時會去餵貓和拿出髒衣服，這也表現出妳的進步。

　　同時妳還知道，藉由更為合作的方式、接受媽媽所說而非跟她爭論的態度改變，以及花更多時間與她相處，可以創造妳們更為正向的關係；這正是妳非常希望的。妳真的明白自己必須做什麼來讓在家的情況開始變得更好（如更友善地對家人說哈囉，幫忙打理寵物，主動幫忙做家裡的事），而且妳也已經開始做這些事情了。

橋梁陳述

　　基於妳想要在家時情況能好轉的期待與承諾，我會建議：

任務

　　妳繼續去做這些妳已經開始做且對妳有效用的事情；同時也留意一下，當妳在做什麼事情時量尺上的分數會上升一格到 4 分。

　　下列是諮商師在第一和第三次晤談時，寫給高中生 Maria 的訊息，以及她寫給諮商師關於她晤談獲得的心得。Maria 的目標，是控制自己在對毒品的使用上能有更強的意志力拒絕。

諮商師於初談時寫給 Maria 的訊息

Maria：

　　對於妳渴望能更有意志力讓自己對毒品說不，我感到印象十分深刻。妳發現到當妳告訴自己「我不需要毒品」或「如果我吸毒，我就沒有未來了」這些話，將會幫助妳克制自己的衝動。看到妳哥哥毒品成癮的下場，更讓妳意識到自己不想要有和他一樣的結局。妳還了解到，透過跟媽媽一起去做瑜珈、做妳的學校作業，以及對妳的友人們坦誠，妳會讓自己的情況變得更好、妳的成績會進步，妳的父母也會非常以妳為榮。隨著意志力的提升，妳會得到更多自由，也會與人們處得更好。被學校開除以及看到爸爸媽媽難過，妳希望自己能有意志力戒毒，讓妳的量尺分數來到了 3 分的情況。所以，我建議妳特別注意自己這一週在做什麼事情時，能讓妳意志力的量尺分數向上提升。

Maria 於初談時寫給諮商師的訊息

　　我知道了，如果我有很強的意志力能對毒品說不，那麼我的生命

將會有莫大的改變，而且改變的程度或許可以超過我所想的。另一件
讓我意料之外的事是，原來我那麼在乎我爸媽的感受，超過我所想
的；但是我知道我需要為了自己而改變，而非為了他們。

諮商師於第三次晤談時寫給 Maria 的訊息

Maria：

　　妳已經進展到 7 分了，真的很令人印象深刻。28 天不碰大麻顯
示出妳是能夠克制自己的衝動。做回家作業、一週與媽媽一同去上四
次瑜伽課，以及週末約會後以好的狀態返家等，都讓妳的父母更信任
妳。妳與學校諮商師討論到關於上大學的事情，並設定了 GPA 要達
到 3.0 的目標，則顯示了妳真的很有心想在學校好好表現，以及為進
入大學做好準備。妳計畫在學校裡認識生活正派的新朋友，也展現了
妳心態上的改變。由於妳知道自己是需要繼續進步的，所以請注意從
現在到下次我們會面之間的時間，妳的生活中有什麼更為好轉的事情
發生。

Maria 於第三次晤談時寫給諮商師的訊息

　　看到這些我已經做到的好事情如何產生了相輔相成的效果，真的
讓我對自己感到很驚喜；我之前真的沒有注意到我有改變那麼多。我
猜這是因為我最近都沒有吸大麻，讓我有了更多時間，能做出更好及
更聰明的決定。我為自己感到驕傲，也希望自己能繼續留在正軌上。

本章摘要

藉由重新發現未被辨認的解決之道與例外，當事人獲得賦能而有助其追求目標。評量技術提供了方法來評估當事人已經走了多遠，以及他們需要做什麼才能更為成功。SFBC 會談以給予訊息的方式來作結；從諮商師筆記中所建構而出的訊息會包含讚美與作業任務的成分，以強化當事人繼續努力進步。

練習活動

請回憶你在第二章的練習活動中，對於奇蹟問句及後續問句的答案；那些答案在你回答下列問題時會幫助你界定出解決之道。

- 回憶一個部分奇蹟發生了的時刻，即使只是發生了一小部分——或許是某些事情沒有那麼糟糕，或是事情有一點點好轉的片刻。
  那時你是在做什麼不同的事情呢？或者想的事情與平日有何差別？
  有誰注意到你那時的一番改變？
  當他們觀察到你不同的作為時，他們是如何回應的呢？

- 請回憶另一個部分奇蹟已經發生的時段。
  你會怎麼解釋它何以會發生呢？

- 在一個 0 到 10 分的量尺上，0 分代表你的問題是有史以來最糟糕的時候，10 分代表奇蹟發生的隔天；你會把現在的自己放在量尺的哪個位置上呢？
  你已經做了什麼，而讓自己從 0 分到達你目前的位置？
  當你在量尺上提升了 1 分時，你會做什麼是你現在沒有做的事情？
  當可能會阻礙你進展的事發生時，什麼人事物將會幫助你繼續前進？

CHAPTER 4

連結各部分

本書的前面幾個章節已詳細描述了 SFBC 初次晤談的要素。下一步則要將每項要素結合在一起,以綜合施行這個模式。在本章一開始,會先將所有的步驟簡要的回顧一次;隨後以一個實際案例,演示如何以焦點解決取向和當事人進行談話的歷程。括號中的註記會穿插於該案例對話中,以凸顯對話歷程中的特定 SFBC 階段。當你閱讀該對話時,鼓勵你像在實際晤談中一樣做筆記,然後運用你的這份筆記寫一則訊息給該案例中的當事人。你可以將寫出的訊息,與書中實際給予當事人的訊息兩相比較。

一 初次晤談的要素

本段落將擷取前幾章的說明與例子,逐項回顧要如何進行初談。開場時,諮商師可以運用幾分鐘進行自我介紹,並詢問當事人一些和來談原因無關的個人生活狀況以建立投契關係。例如:「跟我說說你自己。你在閒暇的時間都做些什麼好玩的事呢?」若當事人需要傾吐幾分鐘,則以傾聽及同理的回應來認可並表達理解當事人的憂慮與關切,例如:「我了解」、「嗯哼」、「聽起來是很艱難的情況」,並點頭回應。

建立投契關係後,你可用以下方式來介紹晤談歷程:

現在,我想讓你了解一下這個會談將如何進行:我會詢問你一些問題,有些問題聽起來會有點瘋狂甚至有些難以回答。在我們談話時,我會對你的回答做些筆記,好讓我在會談結束時整合寫成一段訊息給你。我在寫訊息給你時,我希望你也把今日在會談中學習到的心得寫下來和我分享(依據孩子的年齡及技術程度,或可請孩子畫一張圖畫來取代文字紀錄的書寫。畫圖的內容為當事情好轉時,他那時會是在做什麼)。當我把訊息寫好要交給你之前,我會唸給你聽。然

後，我會將這份訊息以及你寫給我的心得（或圖畫）都複印一份，讓你帶回去，這樣我們兩人都可以各保存一份。

步驟一：當事人的諮商目標

確認當事人希望從諮商中達成什麼，這即是他們的目標。你可以下列問句詢問：

- 「你對於我們會談的最大期望是什麼呢？」（建議的選項）
- 「你今天來見我的原因是什麼？」
- 「我今天可以怎樣幫上你的忙呢？」

以正向的詞彙完成目標的建立，需描繪出可觀察到的當事人行為，而非以「某行為的消失」來陳述目標。當事人一旦以正向詞彙說出目標，諮商師便能以問句來引發行為細節的描述，顯現出當事人在達成目標的路上時所會做的事情。細節化的處遇方法包含下列例句：

- 「你會做什麼，表示你遵守了緩刑的條款？」
- 「如果你對老師有禮貌的樣子被錄影下來，影片中會看到你在做什麼呢？」
- 「如果我正坐在你工作的餐廳裡，我會看到你在做什麼顯示你很專注於工作？」

步驟二：奇蹟問句

奇蹟問句促使當事人想像且視覺化以下圖像：「當問題消失時，生活會是什麼樣子」或者「達成目標時，生活會是什麼樣子」。詢問這類型的問句，將幫助當事人想像和展望或許可能發生但未被注意的可能性。奇蹟

問句也對「在邁向達成目標的方向上，當事人會做什麼事情」提供了一次心理預演的機會。以下例句示範了如何詢問奇蹟問句：

- 「假設今晚你睡著之後，一個奇蹟發生了，這個奇蹟解決了讓你前來諮商的問題。但是因為你在睡夢中，你並不知道這個奇蹟已經發生了。當你早晨睡醒時，你會看到什麼線索，而讓你發現這個奇蹟已經發生了呢？」
- 「如果我用魔法棒在你頭上揮一圈，那個讓你來諮商的問題就這麼消失了，這時候你會注意到生活中有了什麼不同？」
- 「想像讓你來諮商的問題已經解決了，那時候你會注意到生活中有什麼不同，而讓你知道我們不需要再會面晤談了？」

於當事人描述問題消失時的生活圖像後，諮商師可以接著詢問當事人：「此奇蹟發生後，他們會做什麼不一樣的事情」，以引導出特定的行為細節。你可以參考下列細節化的例句來詢問當事人：

- 「當你專注聽課時，你會做什麼而表示你是專注聽課的呢？你的眼睛／手／腳會是在做些什麼，讓人一看就知道你是很專心的？」
- 「當你跟同事和睦相處的時候，他們會看到你做什麼，而顯示你與他們相處得融洽？」

運用循環關係問句引出重要他人的觀察，如下所示：

- 「誰會第一個注意到你的這個改變？當他們看到這個改變時會怎麼回應你呢？」
- 「你覺得，當你的老師／同事／朋友／兄弟／父母觀察到你的這項改變時，他們會有什麼反應？對於他們的反應，你會怎麼回應呢？」

　　詢問：「這個奇蹟發生後，你還會注意到什麼呢？」重複「還有呢？」
與循環關係問句三或四次，以幫助當事人擴展一個重要的圖像：對他們而
言什麼是有可能的，以及正向改變所會帶來的漣漪效應。

步驟三：成功事例

　　於步驟三，請當事人回憶與描述一些時刻是：他們的問題較不嚴重或
不存在的時刻，或他們展現出與目標相關聯的正向行為之時刻。探索當事
人如何引發這些成功事例的細節，能為邁向解決之道、成功與賦能，提供
了按圖索驥的路線圖。

　　在你的催化下，當事人對步驟二的奇蹟問句與追蹤問句「還有呢」的
回應中，你可以參酌並界定出這些成功事例。為了從當事人身上引導出成
功事例，在邀請當事人回答時可運用「告訴我」（tell me）問句，用一個
假定部分奇蹟已然發生的姿態來提問。陳述方式可如：

• 「告訴我一些關於這個奇蹟的一部分已經發生的時刻，即使只發生了
　一點點。那時你是做了什麼讓它能夠發生呢？」

• 「告訴我關於一次比較友善／合作／放輕鬆的經驗。那個時候你是做
　了什麼不一樣的事情呢？」

　　在當事人回答後，以振奮式引導或讚美來回應當事人具有效益的行動
或想法。振奮式引導的例子如下：

• 「真的！即使在那所有的壓力之下，你還是做到了？那真的太棒
　了，因為要放棄是很容易的，但是你沒有放棄。」

• 「你可以保持鎮定／從爭吵中走開／以數到 10 來代替爭辯，是很了
　不起的。大部分的人會失控，但你卻沒有。你是如何做到的呢？」

步驟四：0 到 10 分的評量

　　請當事人以 0 到 10 分的量尺為自己目前的狀態評分，如此能建立起一個基準點，並可用來測量當事人日後的成長情形。使用評量也提供機會讓當事人能探索與確認自己是如何達到現狀的，以及讓當事人能評估自己可以做什麼，而能在量尺上升高 1 分。你可以使用下列詢問方式來帶出評量問句：

- 「在一個 0 到 10 分的量尺上，0 分代表你的問題是有史以來最糟糕的時候，10 分代表你的奇蹟已經發生、問題已獲解決的時候；你覺得自己現在位於什麼位置呢？」

　　無論當事人回答的數字為何，都可接著用問句來向當事人確認：他們已經做了什麼而能達到目前的分數位置。通常當事人評量自己的分數，會高於他們的最低分時期；探索及發現當事人已經做了什麼而讓分數提高，將能辨識出更多資源以獲得成功。振奮式引導在此時相當有助於當事人辨識出成功的細節。例如，你可以說：

- 「你現在在 3 分？真好！你已經做了什麼而讓你能到達 3 分呢？」
- 「哇，你在 5 分。那超棒的！歷經了目前為止你所經歷的所有事情，你是怎麼努力能在 5 分的位置呢？」
- 「你是怎麼讓自己能維持在 0 分，而不是負 1 分或更不好的情況呢？」

　　為幫助當事人透過達成具體可行的小目標而獲得進展，詢問「何時」的問句是一個選擇：請當事人辨認為了在量尺上前進 1 分，他們所需要做的事情。話語中以「何時」（而非「如果」）為用字，能向當事人傳遞出一個訊息：你預期這樣的進展會發生，以及你對於他們會達到這樣的下一

步深具信心。如同以下例句所示：

- 「除了你目前在做的事情之外，當你在 4 分的時候你還會做些什麼事情？你會怎麼讓它發生呢？」

　　指認出達成目標的可能阻礙（標示地雷區）與處理阻礙的方式，也是很有效益的。例如，你可詢問：

- 「雖然你知道你需要去做什麼（專心聽老師上課／遠離毒品／與母親合作），但是當（朋友在課堂上跟你講話／哥兒們拿藥丸給你／媽媽要你去做你不想做的事情）時，你會怎麼處理呢？」

步驟五：訊息

　　在撰寫訊息之前，先確認是否有其他你需要知道的相關資訊，同時也回應當事人可能存有的疑問。在晤談歷程的這個時間點，當事人很少會需要提出額外的資訊或問題。在介紹晤談歷程的「訊息」部分時，可用下列句子來向當事人說明：

- 「我會用幾分鐘稍微整理我對今天會談的思緒，並寫一則訊息給你。在我撰寫訊息之前，還有沒有什麼其他事情我應該知道，或者你有沒有什麼疑問呢？就像我之前講的，當我在撰寫訊息時，我希望你也寫一份簡要的心得跟我分享你從會談中的收穫。我會將我寫的訊息以及你寫的心得都影印一份，這樣我們彼此都會有一份影本。」
- 對較年幼的兒童，相較於書寫心得，更適合請他們畫出：奇蹟看起來會是什麼樣子，或者當事情好轉時，他們會是在做什麼。

　　你寫給當事人的訊息會由以下三部分所組成：

1. 讚美：包含至少三項具有特定細節的讚美，從中反映出當事人的優
   勢、正向的態度、建設性的思考或者具生產力的行為。書寫讚美這
   部分的訊息時，你在晤談中所做的筆記會是很有助益的資源。
2. 橋梁陳述：簡短提及當事人前來諮商所想獲得的結果（目標），並
   以一個簡短的片語來開啟任務。
3. 任務：通常是一個非特定的作業，請當事人從現在到下次晤談之
   間，注意並繼續去做那些對他們有效用的事情。

下列例句展現了「橋梁陳述」與「任務」間的關係：

- 「因為你想要改善你與爸爸之間的關係（提及當事人的目標），我會
  建議你（開啟任務的短語）在接下來這週，去做更多有效用的事情
  （任務）。」
- 「由於你承諾的是要去上學而非吸毒（提及當事人的目標），會有幫
  助的是（開啟任務的短語），注意一下當你在做什麼事情時會讓量尺
  上的分數提高 1 分（任務）。」

　　要在 SFBC 歷程順序中井然有序地進行晤談，有幾樣工具是很有幫助
的：SFBC 的初次晤談流程圖，以及特別為 SFBC 晤談準備的初次晤談紀
錄單（修改自我以前的學生 Kim McKinney 所設計的紀錄單）。此流程圖
（請見圖 4.1）為 SFBC 模式初談的步驟順序提供了一個快速的參考指引；
而此紀錄單（請見圖 4.2）的設計則能幫助你在這個歷程順序中，對每一
步驟所做的筆記加以組織。我建議你同時使用這些工具，將初談流程圖與
紀錄單都以 A4 紙張全尺寸的大小印出一份，然後分別將它們置放在折疊
式記事本或活頁夾的兩側；這樣可以讓你在晤談時，很方便地拿到這兩樣
工具。

圖 4.1 ▶ SFBC 初次晤談流程圖

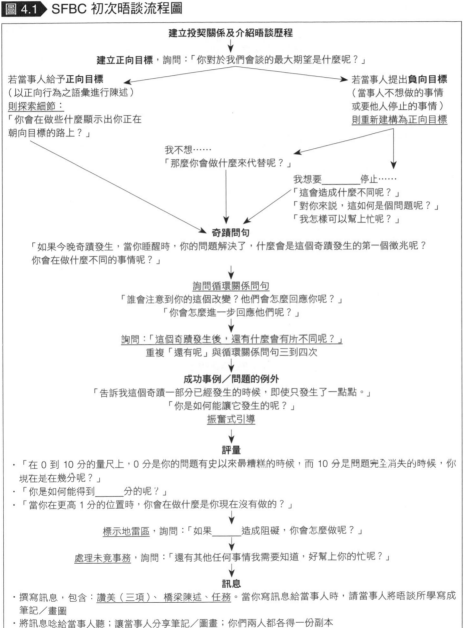

建立投契關係及介紹晤談歷程

建立正向目標，詢問：「你對於我們會談的最大期望是什麼呢？」

若當事人給予**正向目標**
（以正向行為之語彙進行陳述）
則探索細節：
「你會在做些什麼顯示出你正在
朝向目標的路上？」

若當事人提出**負向目標**
（當事人不想做的事情
或要他人停止的事情）
則重新建構為正向目標

我不想……
「那麼你會做什麼來代替呢？」

我想要_____停止……
「這會造成什麼不同呢？」
「對你來說，這如何是個問題呢？」
「我怎樣可以幫上忙呢？」

奇蹟問句
「如果今晚奇蹟發生，當你睡醒時，你的問題解決了，什麼會是這個奇蹟發生的第一個徵兆呢？
你會在做什麼不同的事情呢？」

詢問循環關係問句
「誰會注意到你的這個改變？他們會怎麼回應你呢？」
「你會怎麼進一步回應他們呢？」

詢問：「這個奇蹟發生後，還有什麼會有所不同呢？」
重複「還有呢」與循環關係問句三到四次

成功事例／問題的例外
「告訴我這個奇蹟一部分已經發生的時候，即使只發生了一點點。」
「你是如何能讓它發生的呢？」
振奮式引導

評量
· 「在 0 到 10 分的量尺上，0 分是你的問題有史以來最糟糕的時候，而 10 分是問題完全消失的時候，你
  現在是在幾分呢？」
· 「你是如何能得到_____分的呢？」
· 「當你在更高 1 分的位置時，你會在做什麼是你現在沒有做的？」

標示地雷區，詢問：「如果_____造成阻礙，你會怎麼做呢？」

處理未竟事務，詢問：「還有其他任何事情我需要知道，好幫上你的忙呢？」

訊息
· 撰寫訊息，包含：讚美（三項）、橋梁陳述、任務。當你寫訊息給當事人時，請當事人將晤談所學寫成
  筆記／畫圖。
· 將訊息唸給當事人聽；讓當事人分享筆記／圖畫；你們兩人都各得一份副本

圖 4.2　SFBC 初次晤談紀錄單

當事人：_____　日期：_____	下次會談的日期／時間：_____
當事人的目標 ・你對於我們會談的最大期望是什麼呢？ *建立正向目標，以行為化語彙描述細節*	
奇蹟問句 ・如果奇蹟發生，當你睡醒時，你的問題被解決了，什麼會是這個奇蹟發生了的第一個徵兆呢？ ・你會在做什麼不同的事情呢？ **循環關係問句** ・誰會注意到你的這個改變？ ・他們會怎麼回應你的這個不同？ ・你會怎麼進一步回應他們呢？ **這個奇蹟發生後，還有什麼會有所不同呢？** *重複「還有呢」與循環關係問句*	
成功事例 ・告訴我這個奇蹟已經發生的時候，即使只發生了一點點。 ・你是如何能讓它發生的呢？ *振奮式引導；需要時，幫助當事人「接受擁有權」*	
評量 在 0 到 10 分的量尺上，0 分是你的問題有史以來最糟糕的時候，而 10 分是問題消失了的時候，你現在是在幾分的位置呢？ ・你今天是如何能得到____分的呢？ ・當你在更高 1 分的位置時，你那時會在做什麼事情是你現在沒有做的？	0　1　2　3　4　5　6　7　8　9　10
標示地雷區 ・如果_____對目標造成阻礙，你會怎麼做呢？	
未竟事務 ・還有其他任何事情我需要知道，好幫上你的忙嗎？	
給予當事人訊息 **讚美**：至少三項 **橋梁陳述**：連結目標與任務 **任務**：當事人將要去做的行動／觀察 *請當事人寫筆記／畫圖；將訊息唸給當事人聽；當事人分享筆記／圖畫；兩人都各得一份副本*	

🔴 二 心理健康情境之案例研討：初次晤談

　　一位心理健康機構的臨床心理學家 Elizabeth Jackson 博士分享了一個
案例。案主是一位年輕女性，她曾身陷於具有家庭暴力且極度失功能的家
庭動力當中。這位當事人學到：藉由成為一名加害者來避免當一名受害
者。由於當事人的孩子遭受她的家暴，無可避免地被帶離她的監護。事實
上，這位當事人的處境十分複雜，因為她患有創傷後壓力症及雙相情感疾
患。她被強制接受治療，而她的孩子則被安置在她母親那兒。

　　這位心理學家在 2013 年 10 月參加我的焦點解決工作坊之前，運用了
傳統治療取向與這位當事人會談了幾個月。這位心理學家指出，儘管這位
當事人的案例具有如此高度複雜性，但我的工作坊仍促使她考慮採用焦點
解決取向來和這位個案工作。這位心理學家提及，由於考量這名當事人問
題的嚴重程度，她必須將創傷歷程的處遇方法併入焦點解決取向以作為輔
助。在這位心理學家運用焦點解決取向方法與這位當事人及其他當事人工
作之後，她分享她的觀察概述如下：

　　　　我發現焦點解決治療對於像這樣嚴重程度且持續一段時日的當事
　　人，發揮了很有力量的作用。雖然她「不相信任何人」，這個以優勢
　　為基礎的取向仍讓我贏得了她的信任。能找到自己的技能並基於這些
　　能力繼續前進，真的是一件非常有力的事情。的確，在治療這位當事
　　人時，我必須加入其他技術的運用。在我們發展出清楚的目標圖像之
　　後，對於要具體實踐以達成目標，她有很大的掙扎和困難。她的創傷
　　史，導致她非常害怕自己的行為表現會被他人視為脆弱、弱勢或「人
　　太好」。對於某些特定情境，她要如何控制與管理自己的反應是有困
　　難的。我們在幾次晤談投入並聚焦於創傷的處理；這讓她修通某些過

去事件，能面對與接受它們，並開始能忍受自己以新的行為來行動。
她準備好回到焦點解決治療了。（E. Jackson, e-mail, January 16, 2014）

這位臨床心理學家初次運用焦點解決歷程來與這位當事人晤談時，撰
寫了以下訊息給她：

　　我希望妳知道，我有多欣賞妳願意分享關於妳父母親這麼痛苦的
種種回憶。妳對我的信任真的是最大的禮物。妳有如此大的勇氣面對
妳生命中的惡魔：「想以暴力待人來讓自己免於被傷害」。當妳在敘
說妳的回憶時，我看見妳開始挑戰自己對妳崇拜的父親、輕視的母親
的想法，也發現到事情可能不是那麼單一面向。每一週，妳都讓自己
對他人敞開，傾聽他們、考量他們的立場。妳是如此聰慧、靈敏的注
意到，當妳的狀態平靜而自信時，社工和律師會聽妳說話；當妳道歉
認錯時，他們也變得更和藹。我喜歡妳的計畫，想要多注意是哪些事
物會觸發妳不被尊重的感受。妳也已經注意到，當他人在咒罵或生氣
時，聽起來確實是很讓人反感的，所以妳不想要自己說話聽起來是這
樣讓人討厭。妳對於希望自己看起來的樣子，已經有所決定。妳更注
意到，藥物治療在協助妳保持平靜、不以吼叫來與人說話的方面具有
多大的幫助；妳也負起了讓自己每天服藥的責任。妳擁有一個非常美
好的目標：為妳自己和孩子們帶來喜悅和歡樂。妳對孩子的承諾是非
常難能可貴的。與我會談、改變妳對他人的說話方式，以及為自己所
說的話、所做的事負起責任，在在都顯示了孩子是妳生命中最重要的
重心，而且妳願意為他們付出犧牲。要運用自我對話來改變妳對他人
的行為反應，需要很大的心力。當妳用自己的例子來和女兒談她打弟
弟的事情時，妳真是女兒的模範；這是一件很痛苦、但很有力量的事

情，我讚賞妳這麼做。由於妳對於妳的願景是如此的努力投入，所以我鼓勵妳繼續去做那些已經幫助了妳控制和管理妳的行為反應的事情，同時也為了妳和孩子去嘗試新的行為。

在這次晤談結尾，當事人寫了下列心得給治療師，代表她從這次晤談中學習的清單：

尋找其他方法，以不同的方式來處理憤怒，而非我在孩提時被教導要如何處理類似情況的方式。不用打人、吼叫的方式，而是態度堅定、好好把事情談開，並且讓孩子們表達自己的感覺。讓他們知道：生氣是可以的，而發怒則會引發暴力，所以是不可以的。

⊜ 學校情境之案例逐字稿：與 Pedro 的初次晤談

你在閱讀下列案例時可以做筆記，在後面結束晤談處練習建構訊息；然後你可以將你書寫的訊息，和本章最後 Pedro 所收到的訊息相比較。基於教學目的，在各項處遇之前，我會以括號標明特定的 SFBC 處遇方法。這個案例的主角是一位十二歲的六年級小男孩 Pedro，他因為一再被學校停學而被送來見我。在以下會談的過程中，Pedro 會提供額外的背景資訊。我刪減了開場時對晤談歷程的解釋與場面構成，以免重述先前的資訊（C 為諮商師；P 為 Pedro）：

C01 ：你會來見我，是因為關於什麼事情呢？
P01 ：我猜是關於我的態度和行為。
C02 ：你說「態度和行為」是指什麼呢？

P02：有時候，我是第一個舉手要發言，但是老師卻只叫其他人，我就會生氣，因為我是第一個舉手的啊。有些老師會要我做些事情，但我沒去做；我會擺臭臉，沒按照他們的指示去做。

（界定目標）

C03：那麼對於我們的會談，你的最大期望是什麼呢？

P03：我想是要學習去做我被要求的事情。

C04：聽起來你已經準備好去做被要求的事情了。

P04：當我第一個舉手要發言，老師有看到我卻又點別人，我就會生氣，我會抓狂。

C05：那麼當你生氣的時候，你會做什麼呢？

P05：大發脾氣。

C06：那看起來是什麼樣子呢？

P06：我就會開始嘟噥，嘟噥出聲並干擾上課。我想要停止這樣做。

（將負向目標重新建構為正向目標）

C07：那麼你希望怎麼做，而不是發脾氣呢？

P07：就把我的手放下來，或者就一直舉著手、等到老師點我。與其發脾氣，我還不如就舉著手，一直到老師點我。

C08：就保持舉著手。

P08：或者就把手放下來。

（細節化）

C09：所以你想要就讓你的手舉著，直到老師真的點了你；或者就把你的手放下來。那麼當你沒有被叫到的時候，你會做些什麼或在想什麼呢？

P09 : 就把手放下吧。如果我知道答案的話，就把答案寫在我的紙
上，而不是發脾氣。只要把我的答案寫下來就好。

（振奮式引導）

C10 : 嘿，那十分聰明耶。所以會像是：就寫下答案，檢查自己是
不是有答對。

P10 : 沒錯。

C11 : 你是怎麼想到這個主意的？

P11 : 我就是想到了。

（振奮式引導）

C12 : 那真是非常有創意。你知道你很有創意嗎？

P12 : 有時候。

（假設性的奇蹟問句）

C13 : 我有一個奇怪的問題想問你，可能會有點難回答。假設今晚
在你睡著的時候，一個奇蹟發生了，但因為你在睡夢中，你
並不知道這個奇蹟已經發生了。當你隔天早晨睡醒時，你的
願望實現了，你所有帶來的問題都解決了──就這麼消失不
見了。當你睡醒時，你跟自己說：「昨晚有些事情發生了，因
為我的問題全都消失了。我的態度、我的行為──那些問題
就是全都消失了。」當你睡醒的時候，你會注意到有什麼不
一樣的地方，讓你知道這個奇蹟已經發生了？

P13 : 當我到學校的時候，我不會擺臭臉。

（將負向目標重新建構為正向目標）

C14 : 好的，所以臭臉會消失。當臭臉消失的時候，什麼會取代它
呢？因為它消失了，得有某件事件發生來代替它。你覺得會
出現什麼來取代了臭臉呢？

P14 ：我的教育。

C15 ：你是指什麼呢？

P15 ：我的課業——我會更用心在我的課業上，而不是在我的態度
上。

（細節化）

C16 ：你怎麼知道自己更用心在課業上呢？你的老師會怎麼知道你
更用心在課業上呢？你的老師會看到你在做什麼事情？

P16 ：我會看著課本。老師會看著我，而我會讓我的眼睛看著課
本，不是跟別人說話。

（循環關係問句）

C17 ：好的，所以你的眼睛會看著課本，你不會跟別人講話，你會
看著你的課本。那麼如果這樣的情況發生了，你覺得老師們
看到你這樣做的時候，他們會怎麼對待你呢？

P17 ：他們可能會對我更親切，也會在我舉手時更常點我發言。

C18 ：如果這樣的情況發生了，你又會怎麼做呢？

P18 ：那我會去做他們要我做的事情。

（「還有呢」問句）

C19 ：聽起來你們應該會相處得更好。你覺得當你的臭臉消失的時
候，還有什麼事情可能會發生呢？還會有其他什麼事情取代
臭臉的發生？你還會看到自己在做些什麼事情？

P19 ：我不知道。

C20 ：如果你知道的話呢？這是一個很困難的問題，我在問你的這
個問題是非常、非常難回答的。我現在及之後會問你的各種
問句裡，有一些是真的很難回答的問題；這個問句就是其中
的一個。

P20　：我會守規矩吧，我猜。

（細節化）

C21　：你會守規矩。那看起來會是什麼樣子呢？如果我坐在你的教室裡，看見你守規矩的樣子，我會看到你在做什麼呢？

P21　：把黑板上寫的作業記下來。我們要做的功課都會寫在黑板上。當我一到教室，我會在我的座位上坐好，將作業事項寫進待辦事項的記事本中。我會等一下再處理待辦事項，接著我會拿出一些紙張，準備好要開始上課。

C22　：好的，所以你會坐在自己的座位上把待辦的作業事項寫下來。

P22　：是的。把黑板上我們應該要做的事情寫下來，寫進我的待辦事項記事本裡。

C23　：好的，所以你會看到那天的作業事項，而且你會把它寫進你的待辦事項記事本裡面。

P23　：對。那個待辦事項記事本裡面記錄了當天的日期和我們的作業內容。

（循環關係問句）

C24　：那麼請告訴我，如果你像你剛剛描述的那樣守規矩、做你的事情，你的老師會怎麼回應你呢？

P24　：他們可能會對我的進步說：「很好，做得很好，Pedro」，而且我的成績應該也會進步。

C25　：所以，如果你的老師像你所說的那樣對待你，你想你會怎麼回應他們呢？

P25　：我會微笑，而且會更努力用功地提升我的成績。

C26　：那麼，當他們看到你在微笑以及付出更多努力的時候，你的

　　　　　　老師們又會如何回應你呢？

P26　：他們會真心覺得高興，也會更信任我。我喜歡這樣。

（「還有呢」問句）

C27　：好的，那你想你還會注意到什麼，讓你知道奇蹟已經發生、
　　　　你的臭臉已經消失了呢？

P27　：我會在座位上坐得很直。

C28　：好的，你會在座位上坐得很直——而不是懶散的樣子，你的
　　　　意思是這樣嗎？

P28　：對。我不會嚼口香糖，也不會吃糖果。

C29　：不會嚼口香糖或吃糖果。那麼，你的嘴巴裡面會是沒有東西
　　　　的？

P29　：對。當我去洗手間的時候，我不會在穿堂閒晃。

C30　：好的，所以你會直接去洗手間，然後就回到教室。

P30　：對。

（循環關係問句）

C31　：你覺得當老師們看到你的這些行為，他們的反應會是什麼
　　　　呢？

P31　：他們會喜歡我這樣。

C32　：那麼，你想他們會怎麼做呢？

P32　：他們會微笑，而且會稱讚我。

C33　：那麼當他們稱讚你的時候，你會怎麼回應他們呢？

P33　：我可能會說「謝謝」，然後會更加認真。

（「還有呢」問句）

C34　：還會發生什麼事情呢？

P34　：我不會拖拖拉拉、晚進教室。

（將負向目標重新建構為正向目標）

C35 ：不拖拖拉拉、晚進教室，那麼你會怎麼做呢？

P35 ：我會準時進教室。

C36 ：你會怎麼讓準時進教室發生呢？

P36 ：我在一堂課下課後直接走到下一間教室，我會帶著所有書本，不會四處逗留。

C37 ：你會把書本怎麼樣？你是指把全部的書本都帶著嗎？

P37 ：對。帶著所有的書，這樣每堂課要用的書就都有了。

C38 ：好的，帶好每堂課要用的所有書本？

P38 ：對。還有所有上課要用到的資料夾。每堂課都應該要帶著資料夾，裡面夾著練習紙，這樣才可以做作業。

C39 ：好的，所以要放得井井有條，這樣才可以做作業，還可以把作業放到資料夾裡。天哪，你知道的真多。你是怎麼知道這些事情的呢？

P39 ：那是我們應該要做的。

（振奮式引導）

C40 ：是的，但大部分的孩子沒辦法把這種事情全都記起來。你是怎麼能記得這些所有的事情呢？

P40 ：這學年一開始，他們有告訴我們必須準備好所有的資料夾。比如說，在科學課應該要準備紫色的資料夾，語文藝術課是紅色的資料夾，閱讀課是黑色的資料夾，社會研究課是綠色的資料夾。應該要把這些課程的資料放入資料夾，並且把自己的名字寫在最上面，這樣他們就會知道那是誰的資料夾。然後你的功課作業應該要放在資料夾裡，這樣作業就不會弄丟，也不會到處亂放。然後應該要帶好記事本和書本。

C41 ：而你把這些全都記起來了？

P41 ：對。

C42 ：對，不過大部分的孩子會把這些細節忘光，而你卻全都記
得。你可以把這些全都記起來是很棒的，這讓我知道你有多
會思考。你一定培養了很好的記憶力。

P42 ：我不知道……是的，也許我的確有很好的記憶力，算是擁有
很強的記憶力。

（振奮式引導和「還有呢」問句）

C43 ：嗯，你真的把那些事情記得很清楚。他們說必須準備的東西
你全部都記得。你要準備練習紙放在資料夾裡，還要準備記
事本。聽起來你知道要做什麼事情。哇！Pedro，還有什麼事
會讓你知道這個奇蹟已經發生了呢？

P43 ：我的成績單上會得 A 和 B，而不是得到爛成績，然後我會參
加校外教學。

（細節化）

C44 ：你會得到 A 和 B，也會參加你現在沒有參加的校外教學。你
會做什麼其他事情，讓你知道你成績單上會得到 A 和 B 呢？

P44 ：我一放學就會先做回家功課，再跟朋友出去，然後我就會被
列入榮譽小組裡。

（細節化）

C45 ：你會怎麼知道這個奇蹟正發生在你身上，即使只是一點點奇
蹟？你會注意到的第一件事情是什麼呢？

P45 ：我會注意到的第一件事情是我會在成績單上得到 A 和 B，然
後老師們會說：「Pedro，做得好，你做了你該做的事。」然
後我會問他們：「我有交全部的功課了嗎？」然後他們會說：

「有。」

C46 ：所以，第一個徵兆是老師會說：「Pedro，做得好。」然後你會得到更好的成績。

P46 ：沒錯。

C47 ：還有誰會注意到你的這個改變呢？

P47 ：我媽媽會注意到。

C48 ：她會看到你在做什麼，她就知道你現在變得不同了？

P48 ：我不會看那麼多電視，也不會和我堂弟吵架。

（將負向目標重新建構為正向目標）

C49 ：那麼，如果你沒有在看電視和吵架，你會做什麼事情來代替呢？

P49 ：我會在我的房間做功課，會鎖著門，這樣就沒有人可以來打擾我了。

（「還有呢」問句）

C50 ：還有什麼其他事情是你會注意到的呢？

P50 ：大家變得更喜歡我。

（循環關係問句）

C51 ：你怎麼知道大家變得更喜歡你了呢？

P51 ：比如我把成績單秀給他們看，他們會說：「見鬼了，Pedro，你成績全部都得到 A 或 B 耶。你是怎麼能得到全 A 或 B 的？你媽媽一定會很以你為榮。」

C52 ：噢，媽媽也會覺得很光榮。你喜歡這樣嗎？

P52 ：喜歡。

C53 ：媽媽會怎麼對你表示她覺得很光榮？你怎麼知道媽媽真的很以你為榮？什麼會讓你知道媽媽很以你為榮？

P53 ： 她會把我的成績單秀給每個人看。

C54 ： 她會幫你炫耀，是嗎？她還會做什麼顯示出她覺得很光榮
呢？

P54 ： 她會買東西給我。

（成功事例）

C55 ： 我有另一個困難的問題要問你。告訴我曾經有哪些時候，關
於你剛講的所有這些事情已經發生了，即使只發生了一點
點？

P55 ： 今天，這些事情有某些部分已經發生了。

C56 ： 是真的嗎？告訴我今天的情形。

P56 ： 嗯，我的態度有在改變了。

C57 ： 是真的嗎？告訴我是怎麼樣的改變。

P57 ： 我完全沒有對老師們發脾氣。老師叫我前來會談的時候，她
叫我檢查功課有沒有都完成，這樣我才可以來，然後我說
「好」。

C58 ： 這種時候你通常是會發脾氣的？

P58 ： 對。

（振奮式引導和細節化）

C59 ： 那太了不起了！你是怎麼做到的呢？

P59 ： 因為我媽媽說要這樣做，我就照做了。她今天早上出門工作
前寫了一張便條給我，她要我聽從老師交代的事情，然後去
做。

C60 ： 所以，你覺得是媽媽寫的紙條讓你做到的？

P60 ： 對。

（「接受擁有權」的處遇方法）

C61 ： 我有一個想法是，你媽媽以前曾寫過像那樣的紙條給你，有
嗎？

P61 ： 對，她有寫過。

C62 ： 而你那時候還是沒有去做她要你做的事情？

P62 ： 對。

C63 ： 但是你今天做了。

P63 ： 對。

C64 ： 你今天做了。那麼，媽媽寫的紙條可能幫了你一些忙，但那
件事情必定是你去做、你為了自己去做，才讓這些事發生。

P64 ： Smith 老師有找我談話，我必須和 Smith 老師談一談。她告訴
我，如果我不能遵守規則，我就沒有辦法繼續到學校接受教
育。

C65 ： 所以你有聽 Smith 老師的話，而且這些話是讓你覺得有些道
理的？

P65 ： 對。

（「接受擁有權」的處遇方法）

C66 ： 我打賭你之前有聽過這些訓話了，不是嗎？

P66 ： 對。

C67 ： 而這些訓話在那時候並沒有用。

P67 ： 是的。

C68 ： 那麼，是什麼讓它今天有效果了呢？是什麼讓它在今天變得
有所不同呢？

P68 ： 我再也不想被停學了。

C69 ： 這聽起來對你來說是一個改變。你不想再被停學了？

P69 ：對。

C70 ：當你這樣說的時候，聽起來你像是在說：「我太重要了，不能
讓這樣的事情發生在我身上。」你會怎麼解釋這個改變呢？
因為你說：「嘿，我不想被停學。」你的心裡是怎麼想的而影
響了你的改變呢？

P70 ：我有一陣子沒有被停學了，然後每個人都以我為榮。

C71 ：所以，大家以你為榮。你似乎喜歡大家看待你的方式是：
「嘿，我在為自己負責。我不會被停學了。如果我想要，我是
可以守規矩的。」

P71 ：對。

（細節化）

C72 ：嗯，那很棒。你是怎麼為自己努力做到這些的呢？是怎麼讓
你自己能說出：「大家都以我為榮，而且我再也不想被停學
了。我希望能待在學校」這番話的呢？

P72 ：我就只是說：「我能做到。」

C73 ：所以，你告訴自己「我能做到」。

P73 ：對。

（「接受擁有權」的處遇方法）

C74 ：我猜想，你以前可能也曾經告訴過自己這句話，是嗎？

P74 ：對。

C75 ：但是這次不同了。是什麼讓這次有所不同呢？

P75 ：我媽媽、我外婆和外公都跟我說，他們以我為榮。

C76 ：所以聽起來你真的很重視他們，也很想讓他們開心。

P76 ：對。

C77 ：那麼，這一次，你是在說：我真的會去做。

P77　：對。

（**振奮式引導**）

C78　：嗯。那真的太棒了！你能夠去做真的太好了。你尊重、在乎
　　　媽媽和外公外婆——還有你自己。你在乎你自己，所以你會
　　　讓你自己在正軌上前進。

P78　：對。

（**回顧奇蹟，以界定出其他成功事例**）

C79　：再告訴我其他什麼時候也發生過類似這些事？比如你抄寫黑
　　　板上的作業、你的眼睛正盯著課本、你坐在自己的位置上、
　　　你直接走到洗手間並回來、你準時進教室、你帶了每堂課的
　　　書本、你在每堂課備有資料夾、你得到了更高的成績、你參
　　　加了校外教學、你在榮譽小組中。告訴我關於剛講的這些事
　　　情某些部分已經發生的時候。

P79　：我以前曾在榮譽小組中。

（**振奮式引導**）

C80　：真的！你曾經在榮譽小組？太棒了！那會很難做到嗎？

P80　：會。

C81　：必須怎麼做才能一直留在榮譽小組呢？

P81　：你必須要有好的態度、必須交齊所有作業、行為要好，也必
　　　須得到好成績。

C82　：你知道的，你面對所有這些困難，但你那次還能在榮譽小組
　　　中？你是怎麼能夠在榮譽小組的？你是如何為了自己，而做
　　　到這件事的？當你能夠在榮譽小組時，那個時候是有什麼不
　　　同呢？

P82　：我做了他們交代的事情，而且就只是做了我的工作。然後我

就被列入榮譽小組了。

（振奮式引導）

C83：所以，你是可以做到的！Pedro 是可以做到的！只要你想要，因為你夠聰明，你是可以做到那件事的。

P83：嗯，我夠聰明，可以做到那件事。但你看，當我在朋友身邊時，我的話就會很多。當我在朋友身邊的時候，我就是會跟他們說太多的話。而當我不在他們身邊的時候，我才會做功課。

C84：是，那是你之前在提的事情。你喜歡跟朋友講很多話，這好像會佔據你做學校功課的時間。

P84：對。

C85：我想像當你在榮譽小組中的時候，有些時候是你有機會跟朋友講話，但你沒有去講的。

P85：是的，我那時候沒有像現在那麼愛講話。

C86：所以，你是說，你那時能夠控制你自己講話的程度，那種程度是讓你同時能在榮譽小組，而且仍然能跟朋友在一起的。

P86：對。

（心靈地圖）

C87：你是怎麼想出來，要怎麼做到控制說話程度的呢？

P87：我那時跟朋友說話的時間，是我在吃午餐的時候、在走廊上，還有在藝能課的時候。

C88：喔我懂了。所以你想到你可以把你們的談話留到走廊上和午餐時間，還有藝能課。有人教你那樣做嗎？

P88：對，他們告訴我講話要在走廊、午餐時間、藝能課，而不是在課堂上；因為課堂上的時間應該要做功課而不是說話。

C89 ： 那麼，你會需要什麼才能再次那樣做呢？

P89 ： 只要把我的話留到走廊和藝能課的時候再說，而不是在課堂上說話，還有只要把眼睛專注在課本上，並拉高我的成績。

C90 ： 你要怎麼設法讓這樣的情形，為了你自己，能夠再次發生呢？

P90 ： 不要說話，就完全不要在課堂上說話——只有當老師問我問題的時候才說話。

（評量）

C91 ： 好的，天啊，你看起來有答案了。你是知道解決方法的。讓我問你一個問題：在 0 到 10 分的量尺上，0 分表示你的態度惡名昭彰而且行為很差，10 分表示你所說的奇蹟發生了，所有你描述希望發生的事情，都為了你而出現了，你完全沒有態度和行為上的問題了。你覺得 0 分到 10 分之間，你現在是在幾分？

P91 ： 我大約在 5 分。

C92 ： 你大約在 5 分。那表示你已經開始朝著 10 分的正面方向移動了。

P92 ： 對。

C93 ： 目前，從 0 分到 5 分是一個很大的躍進呢。你是怎麼設法讓自己到達 5 分的呢？

P93 ： 我現在已經開始了。

C94 ： 你現在已經開始做什麼了？

P94 ： 現在已經開始做我該做的事，而不是講話。對於我的作業，我只剩下三個習題要做。

（提升量尺分數的處遇方法）

C95 ：那麼，當你在 6 分的時候，你會在做什麼事情是你現在沒有
　　　在做的呢？

P95 ：我會比較少講話、完成我的功課，然後當我完成功課時，如
　　　果老師允許，我就可以說話。

C96 ：好，所以你會完成功課才會說話。

P96 ：對。

（標示地雷區）

C97 ：不過孩子，我打賭當你在做功課的時候，會有一些誘惑讓人
　　　想要開始說話。你還在做功課的時候，如果有人開始和你說
　　　話，你會怎麼做呢？

P97 ：我就忽視他們。

C98 ：嗯，就那樣。你可以做到？

P98 ：可以。

C99 ：真的？那樣行得通？

P99 ：對，行得通。或者我就叫他們不要吵我。

C100：那麼，那會讓你到 6 分——你想要先在課堂上完成功課，而
　　　那會讓你知道，你是在朝向目標的軌道上的。

P100：對。

C101：我想不到其他需要問你的問題了。你有任何想要問我的問題
　　　嗎？

P101：沒有。

C102：那麼，我要用幾分鐘思考一下我們的談話，這樣我就能寫一
　　　則訊息給你，就是我們在今天會談一開始有提到的。當我等
　　　一下離開的這段時間，你或許可以想想看，在我們的談話中

什麼對你最有幫助。

本章摘要

　　本章呈現了一則來自心理健康機構的案例研究，以及一份與學校情境學生的完整初談，示範了 SFBC 步驟的應用。其中第二則案例（包含括號裡的註記），可以幫助你將歷程與內容聯繫起來，也提供了練習做筆記的機會，讓你據以發展出隨後要給予學生的訊息。訊息包含讚美、橋梁陳述，以及要於兩次晤談間完成的任務。

練習活動

練習一　練習書寫一則訊息

　　請用幾分鐘寫一則訊息給 Pedro。之後，將你所寫的訊息與下列訊息做比較。下列內容是在初談結尾時我給予 Pedro 的內容。請注意，「讚美」、「橋梁陳述」與「任務」這幾個語詞是基於教學目的而加入的，這三個詞彙並沒有出現在實際給 Pedro 的訊息中。

給 Pedro 的訊息

讚美

　　你的聰明真的讓我印象深刻，你有能力知道你必須怎麼做才能在學校表現得更好。我對於你有多在乎要改善在學校的態度和行為，印象非常深刻。今天在老師提醒你做功課時，你努力保持平靜而沒有對老師發脾氣，證明了你擁有控制自己的能力。我也對你的創造力感到很訝異，會想到把答案寫在紙上，讓你自己知道：對於老師的問題，你是知道答案的，即使沒有被老師點到。你不想再被停學的想法，顯

示出你好尊重媽媽、外公外婆，以及你自己。九月的時候你曾經在榮譽小組中，顯示你知道若要成功需要什麼，需要做功課，以及把說話的時間留到學生餐廳、走廊與藝能課，這樣仍然能和朋友一起閒聊。你知道要做什麼，以及要怎麼做。

橋梁陳述

因為你很渴望能改善在學校的情況，我希望你

任務

注意事情好轉的時候，以及你是做了什麼讓你這週能進步到 6 分。

練習二　以實際案例練習 SFBC 初談歷程

請翻到附錄 B（頁 199），它包含了另一個 SFBC 初次晤談的完整逐字稿。請你跟隨指導語，好讓你能練習運用 SFBC 的處遇方法來進行整次晤談。你可以將你的處遇方法，與我在和那位當事人工作時所使用的處遇方法，一步步地進行比較。

CHAPTER 5

焦點解決短期諮商晤談濃縮版

在學校與一些機構場域中，常會無法施行 45 到 50 分鐘之諮商晤談。在學校中，學生及諮商師的既定行程往往可能限縮了進行諮商互動的時間；例如，許多學生都只願意在短暫的午休時間裡與諮商師會面。此外，一些當事人（尤其是較年幼的兒童）能維持注意力的時間短暫，也可能因而會減低 SFBC 原有模式的有效性。面對這些阻礙，Kral（1994）發現了一個補救方法：以「濃縮版」的方式來應用 SFBC；這樣的做法對於各年級層級的學生都十分有效。

不僅如此，SFBC 晤談濃縮版在私人執業場所與機構場域中皆具有實質的意義。它能幫助心理健康專業者提供服務給那些負擔不起傳統上 50 到 60 分鐘晤談費用、但或許能夠負擔 25 到 30 分鐘晤談費用的當事人，而使得原本無法負擔相關費用的當事人也能獲得諮商的協助。

來自諮商師及其他心理健康專業者的各方回饋，都支持了 SFBC 晤談濃縮版的價值。我成功地運用了 Kral 的濃縮版，但一段時日之後，我也發現了一些特別有效的做法，將其納入，並做了一些修正。本章所呈現的 SFBC 模式濃縮版，即是運用了某些與完整版相同的處遇方法，但是能在大約 20 到 25 分鐘內完成晤談；亦即僅需完整版的一半時間，便能完成初次晤談。本章也包含了為實施此種簡短晤談而設計的特定流程圖與紀錄單。這個晤談濃縮版所使用的技術與處遇方法，乃取自前幾章所提到的 SFBC 模式完整版所運用的技術與處遇方法；因此，在你運用以下的 SFBC 晤談濃縮版前，先閱讀前面幾章的內容會是很重要的準備動作。

● 解釋晤談歷程

諮商師先透過簡短的自我介紹、與當事人互相熟悉一番，來開啟晤談。接著，對於諮商師將在晤談中使用的取向進行說明，可敘述如下：

　　我想先讓你了解一下這個會談將如何進行。我會詢問你一些問題，是關於：今天讓你前來諮商的事情，以及你現在的狀況。在我們談話時，我會對你的回答做些筆記，好讓我在會談結束時，可以運用它們撰寫一段訊息給你。當我在撰寫訊息給你時，我希望你也把今天在會談中的收穫寫下來，和我分享（依據孩子的年齡及技術程度，或可請孩子畫一張圖畫以取代文字的撰寫。圖畫內容為：當事情好轉時，他／她那時會是在做什麼）。當我把訊息寫好要交給你之前，我會唸給你聽。然後，我會將我撰寫的訊息以及你寫給我的心得（或圖畫）都複印一份，這樣我們兩人都會各有一份。

二 確認當事人想要達成的事物

　　就如同 SFBC 模式完整版，SFBC 成功的核心在於：以正向詞彙確立當事人希望透過諮商達成的事物——亦即當事人的目標。正向的目標會描繪出可供觀察的行為，讓當事人能在目標達成時予以對照辨認。正向目標描述的是當事人希望開始去做的事情；這與當事人希望停止或避免去做的負向目標表述方式，大有不同。

　　第二章詳述了如何將負向目標、具傷害性或不切實際的目標，以及「我不知道」的回應，重新建構為正向目標，也推薦了一些可優先採用的技術。同樣的，這些技術在晤談濃縮版中也能有效運作。然而，仍須謹記的是：諮商目標是當事人的目標，而非轉介者所欲的目標。你可以使用下列問句來引發當事人的目標：

- 「你對於我們會談的最大期望是什麼呢？」（建議的選項）
- 「你今天來見我的原因是什麼？」

- 「我今天可以怎麼幫上你的忙呢？」

如前所述，最值得推薦的選項是以「最大期望」這個語詞所建構的問句，因為它能引領當事人專注在他們希望達成的事物，而非聚焦於問題或過去的失敗。

三 使用評量了解當事人對其現狀的觀點

當事人一旦界定出他們的諮商目標後，便可以請當事人使用 0 到 10 分的量尺進行評量：相對於所欲達到的目標，自己目前所在的位置為何。通常 0 分指事情狀態為他們經歷過最糟糕的時候，10 分則指目標已經完全達成的時候。Kral（1994）建議，對於較年幼的當事人，0 分可以定義為他們經歷過最難過的時候；10 分則是除了收到禮物之外，他們可能最為快樂的時候（排除收到禮物這件事，是因為這是由外在於個人的境況所決定，而無法反映出當事人可能採取的行動）。對於年幼的兒童，也很適合使用「哭臉」到「笑臉」的連續臉譜來進行評量。

你可使用下列範例中的引導方式，向當事人介紹評量：

- 「如果我們有個 0 到 10 分的量尺，0 分是：關於這個問題，你所經歷過最低潮的情況；10 分是：事情的情況對你而言變得很完美。你覺得你現在是在幾分呢？」
- 「如果這樣進行思考或許會有幫助：以 0 到 10 分的量尺來評量自己；其中，0 分是你經歷過最難過的時候，而 10 分是除了得到禮物之外，你覺得最為快樂的時候。你會把現在的自己放在幾分的位置呢？」
- 「所以，你被送來見我，但你不確定原因是什麼；不過你卻很清

楚，你的學校生活不如你所希望的那麼好。為了幫助我們開啟會談，或許可以思考一下這個問題：如果你有一把量尺，上面刻有 0 到 10 的刻度，0 分是你在學校的情形降到谷底，或是有史以來最糟糕的情況；10 分是事情很理想，或是你所能想像你在學校最好的情況，那麼你覺得自己現在是在幾分的位置呢？」

- 「現在我們已經理解到，你的諮商目標是要能保持清醒而非沉迷於酒精；那麼在 0 到 10 分的量尺上，0 分是你經歷過因為喝酒而最為失控的時候，10 分是你時時都是清醒的時候，你覺得你現在是在幾分呢？」

㈣ 當事人曾經到達過的最高分數為何？

在當事人評量其目前的情況後，再運用同一個 0 到 10 分的量尺，請他們界定他們「曾經」經歷過的最高量尺分數。這裡存在著兩種可能性：(1) 過去，他們曾經歷、擁有過較目前更高的分數；或者 (2) 他們目前的分數即是他們有過的最好狀態。幸運的是，兩種答案都為下一步要去界定出還未指認的解決之道或成功事例，提供了開端。然而，當事人給予的答案是哪一類，會決定你要採用下述兩種方法中的哪一種。

(一) 若當事人表示過去曾有更高分時

若當事人表示他們過去曾有更高的分數，便顯示了解決之道是存在的，雖然尚未運用於目前的狀況中。在這種情況下，所需的處遇方向為：幫助當事人回憶起過去有效的人事物，並探索如何能將這些相關資源應用到現況之中，以達到如同之前成功的狀態。諮商師可採用第三章所提到能界定出成功事例或例外經驗的問句。再請當事人判斷當時與現在的不同之

處，並找出那時當事人做了什麼事情，而能產生較高的評分位置。此時，需立刻讚美當事人界定出的正向想法與行動，同時使用循環關係問句強調正向改變的漣漪效應。若當事人試圖將其成功歸功於他人，便可運用「接受擁有權」的處遇方法，例如：「我打賭他們以前也有這樣跟你說過，但是那時候沒有效果，而這次卻可以有所不同。是什麼讓這次有所不同呢？」如此，將可以成功地把責任轉回給當事人。

對於表示過去擁有更高分數狀態的當事人，處遇順序可摘要如下：

- 「那時你做了些什麼是你現在沒有做的呢？」（**成功事例**）
- 「你是怎麼讓那件事發生的呢？」（**引發細節，並以讚美進行振奮式引導**）
- 「當你比現在更高 1 分時，你會做什麼不同的事情，是你現在沒有做的呢？」（**提升量尺分數的處遇方法**）
- 「誰會注意到你的這個改變，以及他們會有何反應呢？」（**循環關係問句**）
- 「對於他們對你的改變的反應，你又會怎麼回應呢？」（**反向循環關係問句**）

下列簡短的例子示範了若當事人過去擁有較高的評量分數時，諮商師可以運用的處遇順序（C 為諮商師；CL 為當事人）：

C01 ：從你所說的，我們知道你現在是位於 3 分的位置，而你曾經有高到 6 分的經驗。當你在 6 分的時候，你有做什麼事情是你現在沒有做的呢？（**成功事例**）

CL01：那時候，我在專心聽和遵守規則方面做得比較好。

C02 ：你是怎麼讓它發生的呢？（**細節化**）

CL02：我想我那時候比較不會插嘴，會先聽聽他們對我的要求是什麼。

C03 ：那聽起來相當成熟耶，因為大部分你這個年齡的孩子都不會那麼注意聽。那麼，當你在量尺上比現在高 1 分的時候，你又會為了自己主動做些什麼不同的事？（**振奮式引導、提升量尺分數的處遇方法**）

CL03：當他們在跟我說話時，我會看著他們的眼睛。

C04 ：你覺得，誰會注意到你沒有插嘴而是在聆聽，以及在他們跟你說話時，你會注視著他們的眼睛呢？當他們看到你的這個改變時，他們會怎麼回應你呢？（**循環關係問句**）

CL04：我爸媽會注意到。他們可能會知道我在聽，可能會點點頭，就像他們知道我有在聽他們跟我說的話的樣子是一樣的。

C05 ：當你看到他們在點頭，你又會如何回應他們呢？（**反向循環關係問句**）

(二) 若當事人表示目前即最高分時

　　如果當事人目前的評分是至今最高分時，則可詢問當事人過去經歷過最低的分數為何？這個詢問的目的是要確定當事人如何一路改善到目前所在的位置。這麼問也將使當事人詳述出：他們現在做了什麼，是他們在較低分時所沒有做的事情。這些能幫助當事人更加賞識自己是如何使用資源來達成目前最高評分的，同時也界定出成功事例，並再加以重複運作及擴展而達成更大的改善。

　　對於表示目前量尺分數是至今最高分的當事人，處遇順序可摘要如下：

- 「你曾經歷過的最低分數是幾分呢?」
- 「你做了什麼而能從那個分數到達你現在所在的位置呢?」(**這界定出了讓當事人到達目前分數的這個成功事例,接著進行振奮式引導。**)
- 「當你比現在高 1 分時,你將會是在做些什麼而讓分數提高 1 分的呢?」(**提升量尺分數的處遇方法**)
- 「誰會注意到你的這個改變,以及他們會有什麼反應呢?」(**循環關係問句**)
- 「對於他們對你改變的反應,你又會怎麼回應呢?」(**反向循環關係問句**)

下列例子演示了,若當事人表示其目前所在分數是經歷過的最高分時,你可以運用的處遇方法(C 為諮商師;CL 為當事人):

C01 : 所以,目前妳在 5 分,而這是妳經歷過的最高分。我也在想,妳可能在某些時刻經歷過低於 5 分的位置,所以我想知道妳曾經經歷過的最低分是幾分呢?

CL01: 上個月很糟糕。我們分手時我非常低落,所以那時我在 1 分。

C02 : 從 1 分到 5 分——這是一個很大的進步。我知道妳所經歷的這一切必定是很辛苦的。妳這一路上做了什麼而讓妳從 1 分到達 5 分呢?(**振奮式引導、引發成功事例**)

CL02: 我開始像以前一樣和我的女性朋友們出門聊天,而不是待在家裡看電視。

C03 : 妳是怎麼能做到和朋友出門聊天的呢?(**細節化**)

CL03：我就一直在想，我不要讓他把我擊倒。我還有很多美好的
　　　事，而且我開始記起我和 Ron 談戀愛前，我跟朋友們經常共
　　　享的所有美好時光。

C04 ：這顯示了，妳是能透過想起妳所擁有的美好事物而成功克服
　　　艱難的時刻。那麼當妳提高到 6 分時，妳會做些什麼不同的
　　　事情呢？（**振奮式引導、提升量尺分數的處遇方法**）

CL04：我會跟父母聊更多我的近況。

C05 ：當妳跟父母講更多話時，他們會怎麼回應妳的這個改變呢？
　　　（**循環關係問句**）

CL05：他們會很高興，因為他們就不用再那麼擔心我了。

C06 ：那麼，當妳看到他們更高興、不再那麼擔心妳了，妳又會怎
　　　麼回應他們呢？（**反向循環關係問句**）

🖐 **書寫訊息**

以下是轉換至訊息書寫階段的典型做法：

　　嗯，這些就是我想問你的全部問題了。你有什麼問題想要問我
嗎？如果沒有，我需要用幾分鐘來回顧一下我們的會談，這樣一來，
我就可以撰寫一則訊息給你，讓你可以帶在身邊。當我在撰寫訊息給
你時，你何不把你從會談中的獲得也寫一份心得給我（可以請年幼的
兒童畫出：當事情好轉時他們會做什麼）。然後，我們就可以在結束
這次會談之前，互相分享我們所寫的內容。

　　有些諮商師會省略 SFBC 模式中書寫訊息給當事人的部分；然而，如同先前所說，將訊息這部分納入會談歷程很可能會讓 SFBC 的運用獲致更大的成功。書寫訊息給當事人能增強他們的成功、鼓勵他們於後續堅持實行，也提供一個有形的提醒物，不斷提示著當事人的優勢力量與資源。無論我怎麼強調，都難以道盡為當事人建構訊息的重要性。

　　在 SFBC 濃縮版的會談中，所說的話、所做的筆記都比較少；因此訊息會較為簡短，特別是在讚美的數量上。建構訊息的架構與本書第三、四章所描述者相同，包含了：讚美、橋梁陳述（用以將目標連結到任務）以及任務。任務是一種非特定的作業型態，鼓勵當事人注意有所好轉的事物，並嘗試去做從前曾經發揮效用的事情。任務的例子包含下列幾種：

- 開始去做那些過去你曾經做過，且有效讓情況好轉的事情。
- 注意你正在做什麼事情，而讓你知道你正在好轉當中。
- 透過想像「會讓你在量尺上提高 1 分的事情」並且去做這些事情，假裝你已經在量尺上提升了 1 分。

　　為了幫助你朝著正確方向前進，以下這個流程圖（圖 5.1）為濃縮版會談的步驟提供一個快速的參考指引。而紀錄單（圖 5.2）則是修改自我以前的學生 Kim McKinney 所設計的紀錄單，以提供一個便利的方式，讓你為這個簡短的晤談組織你的筆記。

圖 **5.1** SFBC 晤談濃縮版流程圖

建立投契關係及解釋晤談歷程
↓

界定目標，詢問：「你對於我們會談的最大期望是什麼呢？」
引發細節，以建立正向、細節化的目標
↓

評量，詢問：
「關於這個目標，在 0 到 10 分的量尺上，0 分是你所經歷過最低潮的時候；
而 10 分是目標完全達成的時候。你現在是在幾分的位置呢？」
「關於這個目標，你曾經歷過的最高分數是幾分呢？」

若當事人過去有更高分數　　　　　　**若這是有史以來的最高分**
↓　　　　　　　　　　　　　　　　　　↓

「那時候你做了什麼事情，　　　　　　「現在你在做什麼事情，是你那
是與你現在所做的有所不同呢？」　　　時候沒有在做的？」

「你是怎麼能讓這些事情發生的？」
細節化、振奮式引導
↓

提升量尺分數的處遇方法
「當你比現在高 1 分的時候，你會是在做什麼事情是你現在沒有在做的呢？」
↓

詢問循環關係問句：
「誰會注意到這個改變，以及他們會對你有什麼反應呢？」
「你又會怎麼回應他們？」
↓

書寫訊息給當事人，其中包含：讚美、橋梁陳述、任務
請當事人將晤談所學或有助益之處寫成筆記（或畫圖）
↓

將訊息唸給當事人聽；讓當事人分享筆記或圖畫；影印一份給你們兩人

圖 5.2 SFBC 晤談濃縮版之紀錄單

當事人：＿＿＿＿＿ 日期：＿＿＿＿＿	下次會談的日期／時間：＿＿＿＿＿
當事人的目標 ・你對於我們會談的最大期望是什麼呢？ *建立正向、細節化的目標*	
評量 ・關於這個目標，在 0 到 10 分的量尺上，0 分是你所經歷過最低潮的時候；而 10 分是指目標達成的時候。你現在是在幾分呢？	目前的分數： 0　1　2　3　4　5　6　7　8　9　10
確認曾經歷過的最高分 ・關於這個目標，你曾經歷過最高分數是幾分呢？ *若當事人過去的分數較高* ・那時候你做了什麼事情，是與你現在所做的有所不同的呢？ ・你是怎麼讓這些事情發生的呢？*振奮式引導* *若這是有史以來的最高分* ・現在你在做什麼事情是你那時候沒在做的？ ・你是怎麼讓這些事情發生的呢？*振奮式引導*	曾經歷的最高分： 0　1　2　3　4　5　6　7　8　9　10
提升量尺分數的處遇方法 ・當你比現在高 1 分的時候，你會是在做什麼事情是你現在沒有在做的？	
詢問循環關係問句 ・誰會注意到這個改變，以及他們會怎麼反應呢？ ・你會怎麼接著回應他們？	
書寫訊息給當事人，包含 **讚美**：關於目前的成功 **橋梁陳述**：連結目標與任務 **任務**：當事人要去做的行動／觀察 *當事人將所學，寫成筆記／畫圖* *將訊息唸給當事人聽；當事人分享筆記／圖畫* *兩人都各得一份訊息與筆記／圖畫的副本*	

六 SFBC 晤談濃縮版之案例

下列案例示範了焦點解決取向的濃縮版。這是我與八歲的 Lincoln（小學三年級學生）的工作。Lincoln 的母親將他轉介給我做諮商，希望能在她因為 Lincoln 的非行行為、憤怒爆發，以及學業成績不及格等問題而將 Lincoln 送至精神科醫師處用藥之前，先試圖幫助 Lincoln。當我與 Lincoln 會面時，我運用 Kral 的方法來進行濃縮版的晤談，以評量的方式來開啟晤談（Kral, 1994）。從那次工作之後，我便將我所發現有效能的改變做法納入其中，修改了 Kral 所建議的簡短晤談格式。不過，這個案例則是反映了較早期、還未修改的方式。

會談開始時，我請 Lincoln 在十點量尺上界定他現在位於哪個位置。簡短討論了他的評分之後，他表示他的最低分是 0 分，那是在數月前他爸爸去世的時候（憶及此事，他開始哭泣）。我傳達了一些同理之後，詢問他現在於量尺的幾分位置，Lincoln 回答說他在 1 分。當問及他是如何從 0 分到 1 分時，Lincoln 思索了一下，回答說：「我記起了一些像是跟爹地一起去露營、去迪士尼樂園的事，還有我們擁有的快樂時光。」他也記起有一次，他曾略微和媽媽提及自己是如何的想念爹地（他之前從未跟任何其他人談起爹地的死亡）。

隨著他繼續述說，我再次請他界定出自己現在此時此刻是在量尺上的哪個位置。他回答 2 分。我問他如何能在五分鐘之內就提升了 1 分，他回答：「當我想到我是想念爹地的時候，我可以說一說關於他的事情。」為了幫助 Lincoln 多加應用他剛發現的資源，我詢問 Lincoln：當他在 3 分的時候，他會是在做什麼事情。他回答：「當我需要的時候，我可以在晚飯後和媽咪說一說爹地的事。」

我書寫了下列簡短訊息給 Lincoln：

我真的非常印象深刻，你那麼能了解自己對於爹地的感覺。你知
道對於他的去世感到傷心是 OK 的；而且你也知道，當你變得難過
的時候，和媽咪談一談爹地是很重要的。回想並且記得你和爹地一起
去迪士尼樂園和露營時所擁有的美好時光，能有助於你振作起來。

為了讓你專注於前進到 3 分的目標，在這一週，請注意你為了你
自己所做的、能讓情況好轉的事情。

在 Lincoln 的第二次晤談時，他面帶笑容、蹦蹦跳跳地出現在我的辦
公室。我問及他怎會如此開心的原因，他回答是因為要來和我見面而且不
用上課的緣故。我詢問：「這一週有什麼事情變得比較好了呢？」他回
答，他現在是在量尺的 10 分喔。他說，這一週他常和媽媽談起爹地。他
也表示，自己跟媽媽談了爹地的事，也讓媽媽變得開心。Lincoln 還提
及，過去這一週，他每天都在學校贏得了自由運用的遊戲時間。當我問到
那是否與以往有所不同，他立刻回答：「當然不同囉，因為這是這一年
來，我第一次贏得遊戲時間呢。」當我接著問這有何不同，以及他是如何
讓這個情況發生的，他說：他在回答老師問題前會舉手；在老師允許他站
起來之前，他會待在位置上；他也會專心聽老師要他做的事情並且照著
做。

第二次晤談後兩週，即第三次晤談時（也是最後一次），Lincoln 回報
了他的持續進展。他與媽媽關於爹地的談話仍然在持續，但是談的頻率減
少了，因為他感覺哀傷減輕了。此外，Lincoln 的在校成績也持續在進
步。除了前述的改變之外，他也開始按照老師的要求，在穿堂行走時以直
線前進而不亂跑；在校車上，他也會在座位上坐好；而且，Lincoln 也開
始和其他不愛搗亂的孩子玩在一起。這些行為讓他不再像以前惹來那麼多
麻煩，也有了更多的自由遊戲時間。Lincoln 母親對於他的進展非常感

動，因此便沒有再諮詢精神科醫師。之後，她也轉介 Lincoln 的弟弟前來
諮商。

本章摘要

　　本章討論了 SFBC 晤談濃縮版的應用模式，這個版本對於擁有大量個
案量、且與當事人會面時間有限的學校諮商師和心理健康專業人員，乃是
很有用的工具。濃縮版的會談，讓諮商師和心理健康專業人員能以近乎原
有方式減半的時間，來實施 SFBC 歷程。

CHAPTER **6**

後續晤談的施行

　　當事人於初次晤談時會被派予任務：繼續做有效的事情，或注意察覺
生活中有所好轉之處。當返回進行第二次晤談或後續晤談時，會面的開始
則基於此一前提：當事人在兩次晤談期之間，執行了上述任務，並對進展
之處有所觀察。我發現多數當事人會回覆有正向改變的發生；而回覆並無
進展發生的當事人，若再進一步以焦點解決取向探問後，也都會至少指出
微小的變化。由於 SFBC 取向強調擁有資產（asset）的概念，而讓當事人
較有可能回覆：情況自前次會面至今，是有所好轉了。

　　本章對於如何施行第二次及後續晤談提供了詳細的介紹。無論在初次
晤談的時候使用的是本書第一、二章描述的完整 SFBC 版，或第五章的
SFBC 濃縮版，本章將介紹的一系列處遇方法，都可用於初次晤談之後的
第二次及後續晤談之中。本章的主題包含：開啟後續晤談的建議、EARS
程序（引發、擴大、增強、再次開始）、於後續晤談使用評量的訣竅、評
估進一步諮商需求的建議、於後續晤談使用的流程圖和紀錄單，以及後續
晤談的實際案例摘要。

❶ 開啟後續晤談

　　在問候了當事人之後，可向當事人進行以下說明來開啟第二次或後續
晤談：晤談將會用一些時間談談目前的情況為何，也會在晤談結尾時，彼
此撰寫訊息給對方來作為這次晤談的結束。在說明之後，便以回顧當事人
目標來開啟討論。例如，你可以這麼說：

> 　　「我們第一次會面時，你決定你的諮商期望（或目標）是
> 要＿＿＿＿。這次我們會用幾分鐘談一談現在的情況如何，以及什麼對
> 你來說是有用的。當然，就像我們在第一次會談時所做的，我會詢問

你一些問題，也會做一些筆記。然後，在我們這一段相處的時間結束時，我會撰寫一則訊息給你，也請你寫心得（或畫圖）給我。」

② 第二次及後續晤談的要素

後續晤談就如同初次會談，在晤談中能依循一個井然有序的歷程是很重要的。本章的這一段落，將描述與當事人於第二次及後續會談中循序漸進的歷程，並推薦使用的處遇方法。多數的處遇方法（如：細節化、振奮式引導、心靈地圖、微觀檢視、循環關係問句、「還有呢」問句、撰寫訊息）會讓你覺得很熟悉，因為它們與初次晤談所使用的技術相同，或僅是其變化的型態。

後續晤談（無論是第二次晤談、或再之後的後續晤談）是由以下要素構成：(1) 詢問什麼事物好轉或有所不同了；(2) 使用 EARS 程序來引發和增強有所好轉的事物；(3) 進行評量；(4) 適當時，會對是否需要額外的晤談次數進行評估；(5) 撰寫訊息。

（一）詢問「什麼事物好轉了呢？」

在你問候當事人、重述諮商目標、說明晤談中會進行的事項之後，可詢問這個簡單的問題：「從我們上次會面到現在，有什麼事物好轉了呢？」當事人的回應通常不外乎下述四種方式：(1) 情況好轉；(2) 情況相同；(3) 情況惡化；或 (4) 情況有所不同但並非好轉。對於這四種回應，可使用的處遇方法有所重疊；然而，為了對於每種回應都能提供如何處理的「操作說明」（how-to）指南，以下將分別說明之。

1. 若當事人表示情況有所好轉

在我的經驗中，最常見的回應是：情況有所好轉。當收到這樣的回應時，如同你在初次晤談中扮演的角色，需接著引發「當事人是如何帶出正向改變」的細節，並對這些具生產性的想法或行為給予增強或振奮式引導。在第二次及後續晤談中，SFBC 模式使用 EARS 程序來達成這些目的（Berg, 1994）；EARS 乃下述一系列步驟的英文字首。

EARS

- 引發（Elicit）好轉事物的細節。
- 使用循環關係問句，擴大（Amplify）好轉事物所帶來的效果。
- 對於當事人是如何讓事情好轉的做法予以增強（Reinforce）。
- 再次開始這個程序（Start the sequence again），以檢視還有哪些其他事物好轉。

(1) 引發

類似初次晤談你對與當事人目標有關之成功事例進行細節化，在當事人告訴你從上次會面以來有了什麼樣的好轉之後，可藉由以下問句引發細節：「情況是如何好轉的呢？」或者「你做了什麼而讓情況能好轉呢？」

(2) 擴大

EARS 的「擴大」要素意在探究進展的漣漪效應：當事人的行為改變，促使他人更加正向地回應當事人。詳細討論當事人的努力付出所引發的互惠情形，將會賦能當事人認識與認可自己行為的影響力，進而增強當事人願意接受進一步的挑戰——這可能是當事人原本沒有意圖去做的事。此項要素運用了第二章所述的循環關係問句。第二次諮商晤談的尾聲，一位行為障礙班級的五年級男孩，做出了以下評論，彰顯了擴大成功事例所

能產生的有力影響：

> 我喜歡來這裡，因為在其他地方，我都沒有機會跟任何人討論我
> 做的各種好事情，以及當我做這些好事情的時候，我的朋友和老師是
> 如何和我互動的。這甚至會幫助我去做更多好的事情。

(3) 增強

「增強」或「振奮式引導」是 EARS 程序中的第三步驟，對於多數諮商師來說應是很熟悉的步驟。如同本書前幾章所述，在當事人意識到自己對達成正向生活改變的付出並且獲得支持時，會形成一個心靈地圖，於未來類似的情境中指引他們。因為這部分的會談步驟與第三章之成功事例探討和振奮式引導類似，故此處不再重述相關技術。

(4) 再次開始

透過詢問：「還有其他什麼事情也好轉了呢？」並以 EARS 接著引發細節、擴大循環關係，並增強當事人已採取的正向步伐，重複這個歷程數次。

若當事人難以回憶事情有些微好轉的時光，「微觀檢視」是很有幫助的。如第三章所述，使用這個技術詢問當事人情況稍微好轉的時間片段（例如過去幾天、昨天、今天、剛才這一小時中），這通常會幫助當事人憶起成功的時刻。下列的示範即為微觀檢視的例子：

- 「（這一週／昨天／今天／過去這一小時）怎麼樣呢？」
- 「誰可能注意到你昨天或今天有哪些好轉或不同了？他們會注意到的是什麼呢？」
- 「你想你朋友這一週可能發現什麼，讓他們知道你有了一些些變化呢？」

2. 若當事人表示情況相同

　　若當事人回覆從上次會面以來情況並無改善，建議你可以使用聚焦於因應技能及資源的處遇方法，因為這些因應技能和資源能幫助當事人免於讓情況和處境更加惡化。例如，詢問當事人自前一次會面以來，他們如何能夠設法繼續進行特定事情而沒有棄守撤退，或者，如何能夠支撐住並堅守立場而沒有被擊敗。當事人有所回應時，認可當事人所展現的因應技能；同時，「傾聽出有所好轉的事物」──即使只是微小的跡象，然後指出情況有所好轉之處，或不若以前那麼糟糕的地方。如果當事人壓根兒無法回憶或辨識出情況些微好轉的時刻，可以提出問句幫助當事人回憶。在當事人回覆情況為相同的時候，則可使用下列問句：

- 「你『無時無刻』都很傷心／焦慮／憂鬱嗎？」如果當事人回答：「沒有。」那麼便說：「所以，表示有些時候情況是稍微好一些的。請告訴我哪些時候是情況稍微好一些的時候。」
- 「你是怎麼努力而沒讓情況變得更糟呢？」
- 「我在猜，如果你用幾分鐘想想看，也許至少可以記起某些稍微好一點的事情。」
- 「所以，你在過去這個禮拜中能夠自我堅持，那一定很不容易。你是怎麼能做到的呢？」

　　在當事人表示情況相同的時候，一些有效的處遇方法如下列對話示範（C 為諮商師；CL 為當事人）：

C01　：關於你希望能感覺較不憂鬱、能更開心的這個目標，請告訴我從上次我們會面之後，有什麼地方好轉了呢？

CL01：沒有好轉的地方。

C02 ：你無時無刻都覺得很憂鬱嗎？

CL02：嗯，也沒有，不是無時無刻。

C03 ：那麼，這表示某些時候情況沒有那麼的糟，你會有感覺較為開心一些的時候。

CL03：是的，我想應該是這樣。

C04 ：那麼，請告訴我有沒有什麼時候，是你感覺比較不憂鬱和比較開心的時候。

CL04：嗯，我前幾天去跑步，跑完後我感覺似乎比較好。

C05 ：所以，聽起來去跑步，對你來說會是一個能讓你感覺比較不憂鬱和比較開心的方法。你那天是怎麼能夠決定要出去跑步的呢？

CL05：我想起以前我有在操場跑步時，我的身心狀態都感覺很好。

3. 若當事人表示情況惡化

當事人可能會表示在上次會面後，情況已比之前所陳述的更為惡化了。當這種情況發生時，可接著詢問當事人：「情況何以沒有比此時此刻更為糟糕呢？」當事人的回答將能幫助他們釐清：自己是如何防止情況「完全」崩壞的。在這樣的對話中，你需要傾聽出有所好轉的事物，傾聽任何指出情況有所好轉的跡象，即使只是些微的好轉。這一處遇方法能幫助當事人理解與認可到：他們已會使用的因應技巧，而且這些因應技巧幫助他讓情況沒有比這週更為惡化。界定出當事人因應的方式，可以指認解決之道的所在。利用逆境中的成功事例——無論多麼微小的成功——將可以把不愉快的經驗扭轉為蘊含希望的時刻。一旦界定出成功事例或因應技能，便可以繼續進行前述的 EARS 程序。若當事人回覆情況惡化時，可以使用的系列性問句如：

- 「整個禮拜中，每天、每分鐘的情況都很不好嗎？」
- 「請告訴我，在情況起伏之下，有哪一個時候是沒有像多數其他時候那麼糟的？」
- 「當事情不那麼糟糕的時候，你發生了什麼事呢？」
- 「當情況不那麼糟糕的時候，你有什麼樣的不同呢？」

　　下列例子取自一位十二歲女孩的實際案例，她因為情緒控制的問題被轉介來諮商。這部分的對話節錄顯示，「傾聽出有所好轉的事物」將如何引領當事人認識到她能用來幫助自己達成目標的一個工具（C 為諮商師；CL 為當事人）：

C01 ：那麼請告訴我，從我們上週會面以來，妳發脾氣的情形有沒有改善或不一樣的地方呢？

CL01：情況更糟了，因為在我離開你辦公室的五分鐘後，我就跟一個女生打了一架。有人付她一美元要她來揍我。

C02 ：那麼，妳怎麼處理呢？

CL02：嗯，我停了幾秒鐘，然後打回去。

C03 ：這和妳平日的做法有什麼不同嗎？

CL03：有，因為我通常不會停下來就直接打回去。還有，現在我想起來了，這次我沒有罵髒話。

C04 ：哇，所以這一次妳比較可以控制妳的脾氣了。妳是怎麼能努力做到的呢？

CL04：嗯，我心想，如果有一天我想要當一個老師，我必須要能控制自己的行為，自己也要小心從嘴巴講出來的話。

C05 ：所以，透過想到妳未來要當一位老師，妳已經找到了一個可

以控制自己脾氣的方式。

CL05：是的，我想那會幫助我能夠自我控制。

4. 若當事人表示情況有所不同但並非好轉

在少數案例中，當事人會指出情況有所不同，但不一定是好轉。在這種情況下，類似初次晤談，可以採用適當問句探索問題的例外或成功事例。隨著探討何處已有不同，請仔細關注任何進展的徵兆，即使這些進展與當事人目標的關聯性微乎其微。一旦當事人這些先前未能被辨識的成功被指認出來時，便可接著使用 EARS 程序來引發細節，並對具生產性的行為予以強化。

(二) 評量

完成 EARS 程序後，便可接著使用先前描述過的評量技術，來評估當事人從上次會面以來的進展。諮商乃與精確的科學不同，要測量所謂的有效性仍具有高度挑戰；然而，評量技術提供了一個可行的方式，能重複蒐集當事人對改變的自評觀點。

當你請當事人評量目前與目標的相對位置處於什麼分數時，不要先提醒當事人他們之前的分數為何，這樣可以避免讓每次晤談的評分互相影響；當事人需要盡可能客觀地回答，不要受他們先前評分的影響。你往往會發現，當事人在 0 到 10 分量尺上所做出的評分，會隨著時間反映出正向的趨勢。

標準的評量問句為：「在一個 0 到 10 分的量尺上，0 分是指問題有史以來最糟糕的時候，而 10 分是代表你的問題已經完全解決的時候；那你現在位於幾分的位置呢？」除此之外，你也可以加以改編問句形式，用來評估其他因素。例如，可以請當事人評量他們對於自己能夠達成目標或相

信會繼續改善的信心程度；或者請他們評量當周遭情境誘使其偏離計畫時，他們相信自己會堅持抵禦的意志力程度。還可以詢問當事人，他們的老師、父母、朋友、老闆或其他人，在同一個量尺上對於他們又會有什麼樣的評分，以此來確認當事人是如何感知「他人對自己的知覺」。當要評估進一步諮商的需求時，這些附加的測量會格外有用。

1. 當評分顯示出改善時

　　在你如常的詢問「從上次晤談以來，什麼事物好轉了」來開啟晤談，並接著施行了 EARS 程序之後，便可使用評量問句，讓當事人評估自己在 0 分（問題有史以來最糟糕的時候）到 10 分（問題消失了、或他們的目標完全達成了）之間，他們處於哪個位置。應用第三章所描述的評量程序，請當事人界定：他們做了什麼而能在量尺上達到了更高的分數；他們是怎麼努力設法讓那樣的情況發生的；以及其他人的反應為何（使用循環關係問句來探詢之）。對於這些詢問，當事人的許多回應會相似於在 EARS 程序中給予的回應。然而，引發當事人量尺分數進展的細節將可能導引出新的訊息，顯示出先前會談中並未提及的成功。如果當事人對於進展引證了額外的事例，你需要認可其成功，並以讚美的方式進行振奮式引導。評量便可呈現出另一個聚焦於當事人成功的機會。

　　如同你在初次晤談進行評量時所做的，詢問當事人：「當你在量尺上提升 1 分時，你會是做什麼不同的事情，是你現在沒有做的？」也可如同先前討論的，在會談的這個時候使用「標示地雷區」的方式，讓當事人準備好處理可能產生的阻礙。

2. 當評分顯示沒有改善或退步時

　　有時，當事人可能會回覆目前他們仍在與上次晤談時相同的量尺分數，或者更糟糕的位置。在這樣的情況下，有幾項處遇方法會是有效的：

(1) 詢問當事人是如何沒有讓情況變得比現在更為糟糕的；或者 (2) 幫助當事人回憶，在情況比較好的那時他們做了什麼事情。

　　第一種類型的處遇方法提醒我們時時謹記：如果我們密切關注，便會發現成功事例或問題例外是不斷在出現的。即使在情況看似惡化時，也有一些時刻是情況沒有那麼壞，或甚至可能稍微好一些的。無論情況目前有多壞，更糟的情況也是有可能會發生的。當事人所做的那些讓問題強度降低的事情都能指出他們具有因應技能，幫助當事人確認這些技能也將會幫助其界定出解決之道。如同以下處遇方法所示：

　　　　「基於你的情況，我先前會猜想你的分數甚至會低於 2 分。你做了什麼，而避免降到 1 分或 0 分呢？」

　　第二種處遇方法則是幫助當事人回憶，他們先前在量尺上較高分數的時候是做了什麼不一樣的事情。以下例子即示範了這種處遇方法：

　　　　「所以，你從 4 分下滑到 2 分。上次你到達 4 分的時候，你做了些什麼事情，是你現在沒有做的事情呢？」

　　當事人一旦界定出其間差異，便可鼓勵當事人先多做之前讓他們能比現在更為成功的事情。進行上述兩種處遇方法時，當事人的回應通常會顯示出他們的因應技能，而讓你有機會予以認可和增強。

三 進一步諮商的需求評估

基於你對當事人進步的判斷，在某個時間點——無論是在第二次晤談或是後續晤談——你都會需要跟當事人談談是否有需要再增加會談的次數。如果你認為當事人需要思考增加晤談次數與否，進行評量之後通常便是提起這個話題的適當時機。你可以透過詢問當事人對其進展的情形是否滿意來提出這個議題，如果當事人不滿意，便可探索哪些可能會有幫助，並澄清若想要有下一次的會談，希望採取的方向為何。下列處遇方法能幫助當事人界定出目前應該結束諮商或繼續進行諮商。

- 「當諮商可以結束時，你將如何知道呢？」
- 「當你能夠獨立做些什麼事情時，就會讓你知道你不需要再來見我了呢？」
- 「當你達成諮商效果時，你的老師（父母）會說你有什麼不同呢？」
- 「要讓你對諮商效果到達完全滿意的程度，你覺得我們還需要會面幾次呢？」
- 「需要到達量尺上的哪個數字，會讓你滿足的說你已經在諮商中成功達成你所想要的了？那麼，我們還需要幾次會面呢？」（**謹記：對於晤談次數的評估，是可以依需要加以修正的。**）

四 書寫訊息

如同初次晤談的進行，第二次及後續晤談也會以撰寫訊息給當事人來作為結尾。訊息一樣會包含讚美（至少三點）、橋梁陳述、任務。如同初次晤談的結尾方式，當你在準備與撰寫訊息時，可以請當事人把今日在晤

談中學習到的心得寫下來，或者寫出：當他們持續進步以達成目標時，他們會是在做些什麼事情。對於較年幼的兒童，你可以請他們畫出：經過這次會談，他們將會做些什麼事情。然後把你寫的訊息及當事人所寫的心得（或圖畫）都加以影印，讓你與當事人都擁有一份影本。

五 第二次及後續晤談的工具：流程圖與紀錄單

下列流程圖（圖 6.1）與紀錄單（圖 6.2）是第二次及後續晤談的工具，此流程圖為施行 SFBC 步驟提供了快速的參考指引；而這份紀錄單則是修改自我以前的學生 Kim McKinney 所發展的紀錄單，這紀錄單經過特別的設計，可以幫助你組織筆記、減少書寫的時間。

我建議你同時使用這些工具，因為晤談的進行歷程往往會因為當事人的回應而有差異，流程圖可幫助你不偏離 SFBC 的歷程；而紀錄單則有助你組織筆記的內容。將第二次及後續晤談的流程圖、紀錄單都放大到 A4 紙張的大小印出一份，分別將它們置放在折疊式記事本或活頁夾的兩側；這樣可以讓你在晤談時方便取得這兩樣工具。

圖 6.1 ▶ SFBC 第二次及後續晤談流程圖

重述先前晤談中所建立的諮商目標
「從我們上次會面以來，有什麼地方好轉了呢？」

若情況有所好轉
使用 EARS 程序

若沒有好轉之處，或情況更為糟糕
提問問句以引發成功事例，並傾聽出任何進步的徵兆
「情況時時都那麼糟糕嗎？」
「那時是什麼而讓情況能好些的呢？」
接著，使用 EARS 程序

EARS 程序
引發好轉事物的細節
使用循環關係問句予以**擴大**
詢問：「你是怎麼讓這個改變發生的呢？」予以**增強**，接著進行振奮式引導
再次開始（詢問：「還有什麼事物好轉了？」重複 EARS 程序）

評量
「在 0 到 10 分的量尺上，0 分是你的問題有史以來最糟糕的時候，
而 10 分是問題完全消失的時候，你現在是在幾分的位置呢？」
「你做了什麼事情，而能得到 _____ 分？」
「當分數更高 1 分時，你那時會在做什麼事情是你現在沒有做的？」

標示地雷區
「如果_____對_____（當事人的目標）造成阻礙，你會怎麼做呢？」

評估晤談次數的需求
「當我們不再需要會面時，你會如何知道呢？」
「當你在幾分的位置時，就會讓你知道我們不再需要會面了呢？」

撰寫訊息給當事人
包含讚美（三項）、橋梁陳述、任務
請當事人將晤談所學寫成筆記／畫圖
將訊息唸給當事人聽，並讓當事人分享筆記／圖畫
你們兩人都各得一份副本

圖 6.2 ▶ SFBC 第二次及後續晤談紀錄單

當事人：＿＿＿＿＿　日期：＿＿＿＿＿	下次會談的日期／時間： ＿＿＿＿＿＿
重述上次晤談所建立的目標	
詢問：「從我們上次會面以來，有什麼地方好轉了呢？」 若當事人表示情況有所好轉： *前進至下方的 EARS 程序* 若沒有好轉之處，或情況更為糟糕： *引發成功事例；傾聽進展* ・情況時時都那麼糟糕嗎？ ・那時是什麼讓情況能好些的呢？*前進至 EARS*	
EARS 程序 *引發細節，詢問：「情況是怎麼好轉的呢？」* *使用循環關係問句予以擴大：* ・誰注意到了你的這個改變 ・他們對於你的這個改變有些什麼反應呢？ ・那時你又是怎麼回應他們的呢？ *增強：* ・你是怎麼讓這個改變發生的呢？*振奮式引導* *再次開始，再次詢問：「還有什麼地方好轉了呢？」*	
評量 ・在 0 到 10 分的量尺上，0 分是你的問題有史以來最糟糕的時候，而 10 分是問題完全消失的時候，你現在是在幾分的位置呢？ ・你做了什麼事情，而能得到＿＿分？ ・當分數更高 1 分時，你那時會在做什麼事情是你現在沒有做的？	0 1 2 3 4 5 6 7 8 9 10
標示地雷區 ・如果＿＿＿＿對＿＿＿＿（目標）造成阻礙，你會怎麼做呢？	
評估晤談次數的需求 ・當我們不再需要會面了，你會如何知道呢？	
撰寫訊息給當事人，包含： **讚美、橋梁陳述、任務** *當事人將所學寫成筆記／畫圖* *將訊息唸給當事人聽；當事人分享筆記／圖畫* *兩人都各得一份訊息與筆記／畫圖的副本*	

六 心理健康情境中的後續晤談

　　下列是與一位當事人所進行的後續晤談。這位當事人即是在第四章中
提到，患有創傷後壓力症、雙相情感疾患，並具有家暴歷史的當事人。該
心理學家在這次晤談結尾撰寫了下列訊息給當事人：

　　　　與妳每週會面，傾聽妳說所有妳生活中發生的美好事情，真的是
　　一件很快樂的事。妳孩子的兒少保護社工員越來越信任妳，讓妳每天
　　都跟妳的孩子一起相處。妳的母親也越來越信任妳，甚至讓妳全權負
　　責孩子們從上學到上床睡覺的所有生活。其他人也都讚美妳是多麼的
　　平穩和友善。妳好努力地去改變關於「需要很強勢、有侵略性，才能
　　獲得安全；其他人應該受到那種對待」的這個信念。我知道這很不容
　　易，也知道妳必須讓自己展現脆弱，才能開始去談妳的內心想法。當
　　妳開始練習更有禮貌地談話，也開始說服自己：「別人不該總是受到
　　攻擊」時，妳的確承擔了一個真正的風險。妳持續挑戰自己看待他人
　　的方式，比如，妳會想到『得來速』的人員可能只是像妳一樣，是一
　　個會犯錯的人。當妳說到妳發現總有需要學習的事物、妳不全然都是
　　對的時候，妳變得好謙虛。我印象特別深刻的是，妳是如何把媽媽拉
　　到旁邊去談孩子們的事，而不是直接在他們的面前討論。即使媽媽不
　　是真正要對妳所發生之事負責的人，即使她有權力令妳跟孩子們保持
　　距離，妳還是很尊重地和她說話。妳了解到，親切待人確實是有效
　　的，即使是對媽媽。當妳談到媽媽如何變成現在這個樣子時，妳似乎
　　也已經開始原諒她了。妳做得那麼好，媽媽甚至會聽從妳的建議來規
　　範孩子，或對孩子們設定家規。妳的改變甚至也讓媽媽的行為開始有
　　所不同。我看到妳還有在嘗試著新方法來和女兒親近、產生連結。妳

不再只是要求女兒服從妳，妳開始會開放地和女兒談論妳的期望，做出更多的解釋，但是又能保持堅定。隨著妳的女兒日漸長大、開始發展出獨立性時，妳能這樣做真的會很有幫助。她在這一個發現自我的過程中，會挑戰妳的規則和指令，而妳已經學會的彈性將幫助妳們兩人在改變過程中維持彼此的關係。妳的確已經為妳的所有孩子做了模範：如何過健康的生活，如何不具攻擊性，而是在成熟、清晰、有禮、耐心、諒解，以及讚美的話語中和負起個人的責任下，去滿足他們的需求。這些都將會給他們一個最好的機會，去成長、發展出屬於他們自己的健康關係、在未來發展出一個好的家庭，而終結世代間的虐待和暴力。因為妳為孩子們的這份遠景有如此大的投入和承諾，所以，我鼓勵妳繼續保持那些想法和行為，持續為孩子們示範妳所希望他們能擁有的未來。（E. Jackson, e-mail, January 17, 2014）

在這次後續晤談的結尾，當事人撰寫了以下心得給治療師：

我感謝所有我學習到的事情，以及妳在我的事情上所投入的關懷，包括妳確認我收到的訊息、我在諮商裡的收穫，以及在每天生活中我將這些收穫應用出來的結果。這些都幫助我成為了一個更好的人、更好的女人，以及最重要的是，成為一個更好的母親。妳教導了我要如何堅定自信，要變得身心健康，要如何在事情不如我所願的情況中做出反應。我愛上了這個我正在成為的人。

我總是期待著我們的晤談，對於我所告訴妳的事情，我能信任妳、信任妳的意見，這感覺真的很好；這些是我從未告訴過其他人的事情。我好感謝妳。我覺得，妳是我生活中的一部分；要停止來見妳會讓我很難過。我曾經向其他治療師和權威人士們大大讚美過妳喔！

這位治療師總結了當事人的進展，並彙整她觀察到焦點解決取向對此當事人所產生的影響：

> 這樣情形的當事人常會待在治療中數年。要修通過去的創傷、學習到挑戰自己思維的方法、練習新的行為等等，預計是要花費大量時間的。本質上，那就像是要改變原有的人格特質。這位女士則以加倍的速度便修通了這些步驟。在我書寫這封信的時候，她對於回應他人的風格改變已經維持了數週，而且有幾次情況是如先前會激起她極大攻擊性的情況。她全心全意的擁抱她的新願景，她也很自豪能示範一個完全不同於她以往的、與人相處的方式給孩子們看。她積極準備著對孩子們道歉的會面，也參與他們的治療。她對孩子們的探視時間和接觸權被延長了，四週後的聽證會上也會提案要歸還她的監護權。

> 焦點解決治療不僅幫助她從自己的優勢力量中成長，也幫助她辨識出攻擊性或新問題即將產生的危險信號。她還訂定了一個計畫，依據她已經做得很好之處來因應未來的危險與挑戰。這位當事人的預後相當良好，讓先前認為她十分無望的人們都感到印象深刻。（E. Jackson, e-mail, January 16, 2014）

七 學校情境中的後續晤談

Pedro 的初次晤談內容呈現在第四章中，而一週後與 Pedro 進行的追蹤晤談可示範後續晤談的程序。Pedro 是一位六年級生，先前送來見我的原因是經常被罰暫時停學。他在這次晤談中回覆，從第一次諮商會談以來情況已經有所好轉了。Pedro 指出，他現在每堂課都會準時到課，也會把夾克放在他的置物櫃裡，而且一到課堂上就會開始做功課。他還提及自己

如廁後會直接走回教室，不再在穿堂上閒晃。他的成績以及在學校生活的態度都在改善中，老師們現在也都會讚美他的進步。Pedro 宣稱，由於自己做出的改變，他注意到老師們停止指責他，也變得更為親切。這些都幫助了 Pedro 依從性提高，並會遵守老師們的要求。

當問及 Pedro 是如何能夠讓這些改變發生的，他解釋，他能夠提醒自己：不想要再被轉介到校長室了，而且如果他跟老師們合作，母親就不會再接到從學校打來關於他不守規矩的電話了。此外，Pedro 決定要和其他同學好好討論談話，而不是動手打他們。因此，他和其他孩子與老師們都相處得更好了。

Pedro 對於會繼續進步的信心程度，他給自己評了 9 分。Pedro 提及，為了達到 10 分，他在課堂上和朋友講話之前，會先完成所有的學校功課，他也會繼續準時去上每一堂課、做所有的作業，也會聆聽老師說的話。

與 Pedro 的第三次會談是在第二次晤談後兩週施行。他表示，他有聆聽老師說話，繳交學校作業，準時到課，在做完功課並獲得老師允許時才說話，並且用「叫自己忘掉」的方式來避免與人打架。由於 Pedro 在學校的情形持續改善，他重新被列入榮譽小組了。Pedro 決定他可以靠自己繼續取得成功，因此除非他要求，否則不會再增加其他晤談次數了。

諮商前，Pedro 每月會被送去見校長二到四次；相較之下，諮商後，Pedro 在該學年的最後五個月之中只收到了一次要到校長室的轉介單。在那次和校長的會談中，Pedro 主動開啟會談，陳述了他所做錯的事情，說明他下次會如何改進，因此這樣的事件應該不會再發生了。校長對於 Pedro 改正行為的承諾和投入印象非常深刻，因此只給予他一天、而非三天的暫時停學處分。Pedro 在行為和成績各方面的改善，於下一學年中仍持續進步著。

本章摘要

SFBC 的後續晤談仍然充滿著這個信念：當事人擁有資源，能為了自己而讓情況好轉。當事人需要被要求界定出從前次會談到現在的進展，以及他們曾應用來創造這些正向改變的方法。評量可用以測量成長，並為進一步的改善提供指引。會談結尾將評估增加會談次數的需求，也讓諮商師和當事人撰寫訊息和心得（或圖畫），並分享給彼此。於需要時，則會使用第二次及後續晤談的形式，安排追蹤晤談。

CHAPTER **7**

與非自願當事人
於挑戰性的情境工作

　　並非每位前來與諮商師見面的當事人都是心甘情願的。本章將說明一些可能的方式，讓諮商師將不情願的當事人轉變為願意接受諮商的消費者；也提出建議與策略來協助諮商師更能「與當事人站在同一陣線」，而能同理當事人被勉強送來諮商的狀態，將困難情境轉變為可工作的目標。在某些案例中，搗亂、不遵守校規的學生之所以被送來見諮商師，是一種校方懲處的替代方式，希望能幫助學生克服所遭遇的困難。本章也將提供一些祕訣，協助你對「強制來談」這種特定類型的當事人進行處遇。

一　幫助非自願當事人成為諮商消費者

　　即使當事人說出了別人要他接受幫助的原因，當事人可能仍然對諮商看似不感興趣。對於當事人被送來與你見面的不情願表示重視，或者提出問句聚焦於能從這個經驗中有所收穫之處，都將能幫助許多不情願的來訪者轉變為有意願的消費者。若當事人能意識到諮商可能會讓轉介者不再芒刺在背，或懲處他的行動會停止時，他們通常會變得比較樂於建立目標。你可以使用下列問句幫助當事人變得較樂於接受諮商：

- 「你現在了解到你的改變將能化解你們兩人之間的麻煩，那麼他（她）希望你改變的事情，也是你希望的嗎？」
- 「在你目前的立場，這些改變若是你為了自己而做，會是你最感興趣的地方嗎？」
- 「如果這個情況發生了，即使只是一點點，它會對你產生什麼好處，並對你和 ＿＿＿＿＿ 之間產生什麼影響效果？」

(一) 案例研討：非自願當事人的處遇

　　下列案例示範了諮商師在恆心和耐心之下，最終達成了正向目標的確認，亦即完成 SFBC 的第一步。Mike 是一位十一歲的六年級學生，最近從小型鄉村小學，轉入一所學生數超過 1,500 人的都市中學。雖然 Mike 被轉介來見我，但他似乎不知道原因，因而也沒有諮商目標（C 為諮商師；M 為 Mike）：

C01 ：你來諮商後發生了什麼變化，會讓你知道你不需要再來這裡了呢？

M01 ：我不知道，我甚至不知道我是怎麼會被送來這裡的。我只知道我媽媽就這樣幫我報名了。

C02 ：所以，你認為是媽媽幫你報名的？

M02 ：嗯嗯。（**點頭同意**）

C03 ：你覺得她會幫你報名來這裡和我見面，會是什麼原因呢？

M03 ：我不知道她為什麼要這樣做。（**搖頭表示不知道**）

C04 ：如果，由你決定你來這裡見我是為了想要獲得什麼，那麼會是什麼呢？

M04 ：我不知道我為什麼必須來這裡。（**用手撐著頭，更為退縮**）

C05 ：所以，你會在這裡的原因對你來說像是個謎。所以，媽媽沒有跟你討論這件事情，沒有跟你說：「Mike，我希望你去見學校諮商師，因為一些原因，你需要去那裡。」

M05 ：我只知道我媽幫我報名課後輔導方案，然後有人問她，她想不想讓我跟某個人談談。

C06 ：你需要參加課後輔導方案是因為什麼呢？

M06 ：因為我成績不及格。

C07 ：你想那會不會是媽媽希望你來見我的原因之一，幫助你在學
校裡表現得更好，並能通過你的每一門課？

M07 ：他們說，要在這一年通過所有科目已經來不及了。

C08 ：假如有任何方式能讓你通過，你會想要通過嗎？

M08 ：（點頭表示強烈同意）

C09 ：會需要發生什麼事情，你才能通過呢？

M09 ：做我所有的功課。

C10 ：這是你會有興趣做的事情嗎？

M10 ：（沒有回應）

C11 ：也許你不是很確定，但是你正在思考這件事？

M11 ：（沒有回應；持續看著地板）

C12 ：嗯，你覺得如何呢？透過來這裡和我會面，而讓成績過關，
會是你的最終目標嗎？

M12 ：（點頭表示同意）

C13 ：這是你想要發生的事情嗎？這件事情目前看起來雖然不是很
樂觀，但至少這是你想要做的事情？

M13 ：（點頭表示同意）

C14 ：至少，萬一你真的不能通過，我們還可以全面檢查一次所有
該做的步驟，讓這種情況不會再一次發生。這會是你可能願
意嘗試想想看，或者想要去做的事情嗎？

M14 ：是的。

C15 ：那麼，聽起來是不是你會願意培養一些更好的習慣呢？雖然
你並沒有這樣說，但這是我從你所說的話中接收到的想法。

M15 ：是的，那會很不錯。

(二) 和當事人站在同一陣線

　　另一個能讓非自願當事人願意參與的有效方法是：「他們是錯的，你是對的」（They're wrong, you're right）技術。諮商師透過支持當事人宣稱轉介者的評估是錯誤時，會成為當事人的盟友。在以下這個轉介至我這裡的十二歲女孩案例中，將示範這個技術。這位女孩指出，她不需要、也不想要被送來諮商。當問到是誰轉介她前來諮商及其轉介原因時，她表示她爸爸和副校長認為她無法控制自己的脾氣。還說她已經在違反自己的意願下，參加了每週一次的憤怒管理課程。她認為自己並不需要參加該課程，也不需要諮商師的幫助，因為她可以自己控制自己的脾氣。當事人用了幾分鐘抱怨父親與副校長的評估錯誤後，我詢問當事人：「所以，妳的意思是他們是錯的，而妳是對的。如果透過諮商，我們可以向他們證明他們送妳來這裡是錯誤的，而妳才是對的。妳覺得這樣做如何呢？」

　　她回答：「你說的太對了！那樣的話就太棒了。」

　　我接著詢問她：「如果他們看到妳做哪些事情，就會告訴我說，這些事情顯示出關於妳控制自己脾氣的能力，他們是錯的、而妳是對的呢？」

　　接著她便開始描述，這些描述便形成了目標——控制脾氣——這正好和當事人父親與副校長所希望她做的事情，不謀而合。

　　在第一次見面後一週所進行的第二次晤談中，這位學生說，當她因為違規被副校長訓話時，她安靜地聽著，沒有像以往慣有的反應那般咒罵副校長，而讓副校長大為吃驚。副校長覺得印象十分深刻，因此對於該生的違規行為只給予兩天停學處分，而非以往常見的五天處分。類似變化也發生在班級和家中，因為她在向每個人證明：他們錯了，她是對的。總共僅用了三次晤談，便讓這位當事人朝著控制脾氣的目標前進了。

(三) 同理非自願當事人

　　另一個能有效地讓來訪者成為諮商消費者的方式，便是同理被送來與你見面的當事人。注意當事人的語言和非語言線索中，顯示他對會談不感興趣的訊息。當觀察到不情願或抗拒的證據時，可用下述評論來處理：「我料想，這裡並不是你現在想待的地方」或者「被送來這裡，對你來說是怎麼樣的一件事呢？」若當事人表達了他們被送來見你的不悅時，繼續同理他們的處境：「所以，你不認為自己需要在這裡，那麼，來這裡真的是一件很艱難的事情」等等。隨著這個討論的繼續，注意適合詢問此問題的時機：「你想，是誰送你過來的？以及你覺得他們送你過來的理由是什麼呢？」當事人回答後，便跟著問此問句：「如果能讓他們不再一直煩你，在他們送你過來的理由當中，有沒有一些些的理由是你也有點在乎的呢？」

(四) 當 SFBC 沒有效果時

　　若你認為每一種諮商取向都能對每一位當事人產生效果，這是個不切實際的想法；對 SFBC 也是如此。雖然 SFBC 對於多數當事人都能奏效（我發現有 80%到 85%的當事人達成了他們的諮商目標），但是在有些案例中，SFBC 可能基於不同的理由而未能成功。有些當事人可能只想要抱怨及被聽見，而有些當事人則對改變不感興趣。

　　一位十五歲的七年級男孩 Rudy，便是這類情況的案例之一。Rudy 因為成績不及格以及在校有搗亂行為，被轉介來給我。當問及他認為自己被送來和我見面的原因時，他最後承認了，學校裡的每個人都認為他打架的次數太多了。他聲稱他喜歡打架，而且「沒人動得了他」，他也不想停止打架。在幾次嘗試要對他的打架慾望辨識出例外、界定出目標失敗後，晤談轉移方向，試圖界定出一些關於 Rudy 的正向事物。我詢問了關於 Rudy

在校成績的訊息後，得知他多數的科目都不及格，除了科學課之外。在科學課，Rudy 得到了 B 的成績。我認為有了某項正向事物後便能在其上繼續建構，因此專注於了解：他是如何能夠在科學課表現良好的。當問到 Rudy 為什麼在科學課表現得那麼好時，他回答：「我們可以把某些東西摧毀啊。」那次晤談中，我繼續讚美他在科學課的成功，以及若他選擇在其他科目付出努力，他所具有的學業潛能可能為何。當問及他是否想要繼續諮商，他婉拒了。提及這個案例並非要讓讀者感到幻滅，而是要幫助你了解，SFBC 並非對所有當事人都會成功的。

二 使用 SFBC 與「強制諮商代替懲處」的學生工作

搗亂、無禮、具攻擊性、違反校規的學生有時會出現在你的門前——被送來與你見面，希望你可以進行處遇，幫助他們改善行為，並以此來代替停學或其他違紀處分。雖然學校諮商師較不是嚴格的紀律信奉者與執行者，但根據美國學校諮商師協會的方針，學校諮商師的角色之一是要提供諮商來減緩導致（或即將導致）學生面臨違紀處分的行為（American School Counselor Association, 2012）。在這些情況中，非自願來你辦公室報到的學生可能會對自己需要接受諮商懷有負向預期，或許還會回憶起他們在過去的相似事件中，與師長或行政管理者之間具有面質性（confrontational）的互動。焦點解決諮商技術將能提供另一個選項，來代替管理者傾向使用的傳統面質性取向。

Osborn（1999）指出，面質的方式會增加當事人在諮商中的抗拒。相對的，焦點解決諮商引發並強化非自願／強制來談學生的「非問題性」行為，而導致了合作的產生。焦點解決諮商模式讓你在討論「導致轉介發生

的抱怨」及判斷「轉介者認為學生需要改變之處」時，保持著中立的姿態。這份中立是一項優勢，能幫助當事人對於你的處遇持有更多開放性。考量到這一點，你可以使用下列形式與原則來施行焦點解決取向，與在校有行為問題而被強制來談的學生進行工作。呈現在此處的方法，乃整合了我的觀點及 DeJong 和 Berg（1998）所述的內容。

　　我建議在與強制來談的學生工作時，修改典型的 SFBC 程序，省略某些步驟（例如「奇蹟問句」與「評量」）以縮短晤談，並縮小聚焦的範圍，直接專注在導致這次轉介的特定議題。我之所以建議有這些改變，乃基於下列理由：

- 由於和特定違規事件或搗亂行為而強制來談的學生工作，會與你平常的典型角色有所不同。在這些情況中，你被要求要立即對特定的違規行為或事件，提供一個方案來替代懲處行為。
- 這次會面的目標會定位在「導致被轉介者來與你見面」的議題上，因此，目標乃被轉介理由所支配著。至少在一開始，諮商目標可能並非學生本人的目標。
- 與其他情境下進行晤談的多數學生相較，強制來談的學生可能較不具有和你諮商的動機。在某些案例中，他們甚至可能懷有敵意。
- 在許多案例中，這種會面常是非預期性的，不是那種已經排定好時間的預約會面。所以，時間可能會特別有限。

(一) 與強制來談學生工作的焦點解決程序

　　第一步，是向學生介紹這次會面的特色，會如何不同於過去他們因為問題行為被送去見校長或副校長時，對於會談的那種預期。強調這種不同的取向是取得學生合作的必要之舉。下列介紹一個例子，示範能如何開啟

與強制來談學生的會談：

　　我想你一定正在想，被送來和我見面真是（浪費你的時間／很叫你惱火／糟透了／讓人心煩）。我的猜測是，以前你可能因為做了某件惹上麻煩的事而被送去見某人時，你會被處罰或停學。今天，我們將要做的是不同的事情。我了解，來和我見面對你來說可能會經歷一個很不愉快的經驗。你和我都寧願你不是在這種情況下來到這裡的。我也猜測，你希望_____（轉介該生來談的人）不再一直煩你。你同意我的說法嗎？

　　我希望能透過檢視過去一些有效幫助你在學校擁有成功的經驗，來幫你想想可以有什麼方法讓你不用一定得被送來見我或校長。你和我都知道，你並不是每一天都被送來這裡或帶去見校長的，因此我知道你確實知道要怎麼做就能夠避開麻煩。如果我們可以發現並了解你是怎麼能讓這樣的情況為了自己好而發生，你就可以避免再次處於這樣的情況中。為了達成這個目的，我將會詢問你一些需要費勁思考的問句，或許會不容易回答，但我想你一定能勝任這個任務的。你聽起來覺得怎麼樣呢？

　　若學生回應，他（她）對於這個提議不感興趣，可以提醒學生最有可能的替代選項——被送至校長或副校長處，並有可能導致停學或其他規定的懲處。

1. 界定問題

　　在確立了學生參與焦點解決取向的意願後，很重要的是，要了解該生認為自己被送來與你見面的原因為何。當學生透露了他（她）對此情況的

觀點後，注意該生可能想要或願意去做某些事物的線索。下列例句說明了你或許可以表達的話語：

- 「就你的了解，我們今天會見面的原因是什麼呢？」（**要準備好接著分享你所知道的轉介訊息。**）
- 「你覺得＿＿＿送你來見我的原因是什麼呢？」

2. 形成目標

下一個步驟是要幫助學生建立正向目標——這個目標得澄清他們需要做什麼，才能避免重蹈覆轍而再被送來見你。接著，使用循環關係問句幫助學生辨識其改善後之行為，將會帶動發生的漣漪效應。這能幫助學生看見改善行為之後，會對他們產生更多正向結果的大圖像。隨後試著取得學生的承諾來進行一些嘗試（即使只是一小步），以改善學生和轉介者或生活中重要他人的關係。下列程序示範了如何建立正向目標的處遇方法（C為諮商師；S為學生）：

C01 ：Williams 老師（轉介者）認為你需要改變的事情是什麼呢？

S01 ：對人更尊重。

C02 ：Williams 老師會看到你在做什麼，而表示你更尊重別人了呢？（**細節化**）

S02 ：我會停止對他吼叫。

C03 ：那麼取而代之的是，你會開始做什麼呢？（**將負向目標重新建構為正向目標**）

S03 ：用我平常的音量來跟他說話。

C04 ：如果你決定那樣做，你和 Williams 老師之間會有什麼不同呢？（**循環關係問句**）

S04 ： 他會對我更親切。

C05 ： 那麼當 Williams 老師對你更親切時，你會看到他是在做什麼
呢？（**細節化**）

S05 ： 他會對我微笑，讚美我對人的尊重。

C06 ： 你會喜歡這樣的事情發生嗎？

S06 ： 是的，我會喜歡那樣。

C07 ： 所以你覺得，用你平常的音量來跟 Williams 老師說話會讓事
情好轉？（**注意使用學生自己的詞彙「平常的音量」。**）

S07 ： 或許會吧。

C08 ： 用你平常的音量來跟 Williams 老師說話，是你可以做到或會
去做的事情嗎？（**具體特定、正向的目標**）

3. 辨識過去的成功或問題的例外

在界定出正向目標後，即可使用前面章節所介紹的處遇方法去探索成
功事例或問題的例外。學生一旦辨認出自己過去曾經避免問題發生的那些
時光，以及他們是如何使其發生時，便可以鼓勵學生去做更多有效的事
情。會談中，可以省略 SFBC 取向的「評量」及「書寫訊息」的要素，以
節省時間。為了對界定成功事例的處遇方法進行示範，下列程序接續了前
面的例子，繼續談話的進行（C 為諮商師；S 為學生）：

C09 ： 那麼，請告訴我曾有一次是你很想對 Williams 老師吼叫，但
是你卻用平常的音量來說話的時候？（**引發成功事例**）

S09 ： 我不記得曾發生過那種情形。

C10 ： 那過去這個月呢？（**微觀檢視**）

S10 ： 我半次都想不到。

C11 ：那過去這幾天，有什麼場合是你差點要吼回去，但是你卻能
忍住的？（**再次微觀檢視**）

S11 ：嗯，或許是前幾天。當他問我是否有做回家功課時，我很生
氣。我差點要對他吼叫，但是我沒有。

C12 ：那顯示出你是可以有多麼成熟的表現啊。你那時候是怎麼能
設法努力忍住大吼的呢？（**振奮式引導與細節化**）

S12 ：嗯，我了解到，他問我這個問題是因為他希望我那堂課可以
通過。

C13 ：所以，當你充分了解與思考到 Williams 老師是真的在努力幫
助你的時候，會讓你比較容易用平常的音量來說話。（**增強成
功事例**）

S13 ：是的。我猜，我直到剛才才發現自己是有這樣的想法。

C14 ：那麼，當他跟你說話或問你問題時，你對你自己說他只是試
著要幫你忙，這樣會是有幫助的。告訴你自己這一點，將會
幫助你用你正常的音量來跟 Williams 老師說話。

此對話範例顯示出，界定成功事例可以如何讓學生辨識出資源，來控
制導致轉介的行為。若時間允許，還可使用「還有呢」問句，引發其他對
於當前問題的成功事例，並接著進行同樣的細節化、振奮式引導、增強等
程序。

4. 為會談做總結

若學生顯示了任何程度的合作性，便要讚美學生在此議題上與你一起
工作的努力和意願。記得持續讚美學生任何的正向行動、想法或主意。對
於你們會談的後續行動，你或可建議一項作業任務，例如下述之一：

- 「在之後幾天，你何不試試你今天想到的辦法，然後順路來我辦公室坐坐，讓我知道你嘗試的結果如何？」
- 「在我們今天的談話中，我很清楚地了解到，你是擁有讓事情好轉所需要的能力的。在這一週內，嘗試看看我們談到的某些行動，然後來我這裡串個門子或留個紙條，告訴我嘗試的效果如何。你覺得怎麼樣呢？」
- 「在這一週裡，請你注意，隨著事情的好轉，你是做了什麼讓情況變好的事情，然後找一天順路來我辦公室跟我說說你做的事情。」

三　將困難情境轉變為可工作的目標

　　當事人呈現的某些情境可能看似不適合進行 SFBC，然而你可以使用某些策略，讓本來無法工作的目標重新定向為可以採用 SFBC 處理的目標。以下是一些相關的例子：

(一) 當事人看似只想知道「我為什麼會是這個樣子？」

諮商師：「假設你發現了原因，那麼你會做什麼不一樣的事情呢？」

（當事人回答的細節，提供了探求的目標）

(二) 當事人表示自己「總是」很傷心、憂慮、憂鬱等等

諮商師：「你在生活中的每一天、每一時刻，都很傷心嗎？」
當事人：「嗯，並不是真的一直都如此。」

（大部分當事人會回答：「不，不是一直都如此。」這個回應暗示出，有些時候他們是「沒有」傷心／憂慮／憂鬱的，而指出了問題的例外。）

諮商師：「所以，那表示某些時候你是不傷心的。那麼，那樣的時候
　　　　對你來說有什麼不同呢？」

(三) 當事人正面臨死亡或失落

諮商師：

- 「你希望繼續的這段關係，是怎麼樣的一段關係呢？」
- 「_____會希望你怎麼繼續你的生活？」
- 「你和_____共度的生活中，有什麼事物是很美好的，是你很希望
　能繼續下去的？」

（對於這個問題的回答，提供了目標。）

(四) 當事人為自己何以不能改變或不會改變找尋藉口

諮商師：「你繼續做……（自我挫敗的行為）；因此你一定有從這件
　　　　事得到一些東西。那麼你會想要改變的原因是什麼呢？」

（當事人回答的訊息中，提供了目標。）

(五) 當事人對於自己何以不能克服困難，給予「是的，但是」類型的答案

當事人這種特殊的回答模式可能會讓你感到被卡住。你可以應用下列技術，運用這一個「是的，但是」（yes, but）模式來建立目標或界定出解決之道。在當事人一連串「是的，但是」回答後，諮商師可以同意當事人其中一個「是的，但是」的回答。如此一來，當事人再次說出「是的，但是」回答時，這個「但是」通常就會包含目標或解決之道。

請思考以下案例。一位因為沒有完成回家作業而在校成績不及格的當事人，表示她知道其中一個解決之道是，一從學校回家就去做功課。你將她的陳述換個措辭：「所以來見我之後，有一件妳想達成的事情是，妳一放學回家就去做功課。」當事人以「是的，但是」來回應你的陳述：「是的，我想在那時候做功課，但是屋子裡太吵了，所以我沒辦法做功課。」你回應：「我同意，我想不到妳要如何想辦法在吵鬧的屋子裡完成功課。」當事人回應：「是的，但是我猜我可以放學後到我朋友 Joan 家做功課，因為她家很安靜。」這位當事人最後一個「是的，但是」回答，顯示了某些當事人可以做且能幫助解決問題的事情。

下列對話提供了另一個例子，示範你可以如何將當事人「是的，但是」的回答轉為策略，讓當事人可用以朝向目標進展（C 為諮商師；CL 為當事人）：

C01 ： 看起來，當你低潮時便吸毒是你希望改變的事情。

CL01： 是的，但是我需要那樣做啊，因為那是我能夠因應低潮的方式。

C02 ： 是啊，我也不知道你該如何想出辦法來讓你自己在這些低潮的時候走得出來。

CL02：是的，但是聽音樂好像能讓我心情好轉些。

C03 ：所以，當你希望讓心情好轉一些的時候，聽音樂會是你可以
　　　做的一件事情。

　　如你在此例中所見，當事人最後一個「是的，但是」回應，顯示了當
事人能夠做到哪些幫助解決問題的事情。

本章摘要

　　需要協助的當事人並不總是願意接受諮商師的幫助。若當事人視諮商
師為「告訴他們必須做什麼，以滿足轉介者」的角色時，情況會更加嚴
重。焦點解決諮商圍繞著當事人的目標與優勢（而非他人指定的目標）來
建構討論，而能避免上述常見當事人的抗拒來源。本章包含了與強制來談
當事人工作時的特定建議。強制來談代表了一種例外，因為會談的目標受
到轉介理由的約束。本章以「將困難情境轉變為可工作目標」的特定祕訣
作為總結，呈現了一些有用的焦點解決方法，幫助你將不情願的當事人，
在克服其議題的過程中重新定向為有意願的參與者。

CHAPTER **8**

焦點解決概念的擴大應用

從我個人運用 SFBC 模式與從事專業訓練的體會，以及透過與學校諮商師和其他心理健康領域人員持續交流等等的經驗中，我發現到越來越多方式可以創新應用焦點解決的概念。能看到本書呈現的 SFBC 取向成為一些創新應用的激發源頭，是一件很令人興奮的事情。本章將呈現八種擴大傳統 SFBC 模式、融合焦點解決概念於其中的應用方式，包括：十秒鐘「諮商」、焦點解決諮商轉介單、結合玩偶與沙盤於 SFBC 的使用、焦點解決團體諮商、焦點解決取向於班級諮商之應用、焦點解決親師會議，以及焦點解決式的引導式心像。

一 十秒鐘「諮商」

我發現學生有驚人的能力，可以清楚記得自己回答評量問句時所打的分數，以及該分數代表的行為定義。諮商師可以善用這個現象，作為進行十秒鐘諮商這種快速處遇的基礎。當在走廊、校車、餐廳遇到學生時，可以直接詢問：「現在你在量尺的幾分位置呢？」然後你可以「豎起大拇指」或「比一個 OK 手勢」，向學生顯示你對他所付出努力的認可與鼓勵。接著，你可以指指學生再轉向指著天花板或天空，用支持的、非口語的訊息鼓勵學生繼續向量尺的高 1 分處邁進。這種溝通的內容只有你與學生兩人知道，使你和學生產生一種特定的連結，也相當具有隱私性。如果你注意到學生在量尺上的分數顯著下降，便可以詢問學生：「我們需要碰面談談如何讓你回到之前想要的軌道上嗎？」

二 焦點解決諮商轉介單

　　這份以解決之道為基礎的諮商轉介單是由 Lou Bryant 所發展的（personal communication, September 15, 1994），於教師、行政人員、家長轉介學生前來諮商時可以填寫（請見圖 8.1）。表格中詢問了轉介者：當學生被轉介前來的問題獲得解決時，他的表現將會有何不同。或許更重要的是，為了填寫表格，轉介者開始關注到希望學生表現出來的行為，該生已經做到了哪一部分，或者開始能為一些已經發生的成功事例做些說明。這些項目提醒了轉介者注意學生目前已做對之處，而此常能引發有助益的改變。表格最後邀請轉介者對學生目前的行為表現進行評分，也對該生能否做出改變的樂觀度做出主觀評量。此表格提供了一些訊息，將能幫助諮商師對輔導該生形成可能的目標；甚至更為重要的是，此表格引導轉介者能夠更加關注學生的成功之處，以及有效協助學生的方法。

三 SFBC 晤談中使用玩偶

　　SFBC 另一個應用，則如 Donald Nims 博士與 Letitia Holland-Cundiff 博士在與年幼孩童晤談時，使用玩偶來催化諮商歷程的例子（personal communication, April 7, 2004）。許多兒童發現要去討論自己的問題並不容易，但對於無法言說的事情，有時「演出來」會是較為容易的方式。玩偶幫助這些孩子表述了難以用語言傳達的事情。

　　於 SFBC 中使用玩偶的一項關鍵要素是：需與家長、老師、其他心理健康專業者進行合作。導致兒童前來諮商的所謂不適應行為，常源自離婚、失落、虐待這些潛在議題的影響。能事先察知這些議題的存在，會使諮商師能在玩偶演出中扮演一個主動參與的角色。

圖 8.1 焦點解決短期諮商轉介單

學生姓名：＿＿＿＿＿＿＿＿　年齡：＿＿＿＿＿＿＿　年級：＿＿＿＿＿＿

諮商師：＿＿＿＿＿＿＿＿　　日期：＿＿＿＿＿＿

轉介者：＿＿＿＿＿＿＿＿　　與學生的關係：＿＿＿＿＿＿

1. (1) 在你的觀點中，當這位學生被轉介前來諮商的問題獲得解決後，你會觀察到他在做什麼不同的事情（目標）？

   (2) 什麼跡象能顯示他已朝此目標邁出了第一步？

2. (1) 指出部分目標已經達成了的一些時候。

   (2) 在那些時候，你會如何說明學生的這些進展呢？

3. 在 0 到 10 分的量尺上（最低 0 分到最高 10 分）
   (1) 你會將這位學生目前的行為評為幾分呢？
       0　1　2　3　4　5　6　7　8　9　10

   (2) 基於你的觀察，這位學生曾經達到的最高評分是？
       0　1　2　3　4　5　6　7　8　9　10

   (3) 請為你對於這位學生「改變之可能性」的樂觀程度進行評分。
       0　1　2　3　4　5　6　7　8　9　10

　　以下例子將示範 SFBC 中與兒童使用玩偶的歷程。八歲的 Emily 因為在班上的退縮行為，被老師轉介給學校諮商師。Emily 的母親也表示，她在家越來越不合作，或會表現出挑釁的行為。諮商師之前即注意到 Emily 父母離婚，母親近日再婚，現在她們與繼父住在一起。諮商師交給 Emily 一個用兩片中性色的布縫在一起的手偶（Blackwell, 1997），然後請 Emily 以麥克筆在手偶上畫出代表她當下心情的臉孔表情。Emily 畫出的是一張悲傷的臉。透過這個玩偶跟諮商師講話的歷程，Emily 訴說著她之所以傷心是因為和媽媽、繼父一起搬進了新房子。諮商師詢問 Emily 的玩偶，如果她不會再傷心了，那她會是在做什麼事情呢？Emily 的回答是，她會和媽媽做一些好玩的事，像是一起到公園去，如同媽媽再婚之前她們常做的那樣。

　　配合 SFBC 流程的第二步驟，諮商師使用一個像是具有魔法力量的巫師手偶，來詢問奇蹟問句。當巫師手偶提出奇蹟問句時，他揮舞著魔法棒告訴 Emily 手偶：當 Emily 早上醒來的時候，是和繼父、媽媽一起在家，而且是很快樂的。接著巫師手偶詢問 Emily，當她快樂時，她會做什麼不同的事情表現出她是快樂的。Emily 回答，她醒來時，會開始想著等一下要去做的有趣事情，像是去公園、去購物中心，或是找朋友一起玩等。當 Emily 回答關於「媽媽會注意到她有什麼不同」的循環關係問句時，她說道，當媽媽進來房間叫她起床時，她會看到自己是對媽媽微笑著。當問及媽媽對此會有何回應時，Emily 說，媽媽也會還以微笑、給她一個擁抱，然後她們會一起下樓到廚房弄早餐來吃。諮商師繼續使用玩偶詢問 Emily，當奇蹟發生後，繼父又會注意到什麼而知道奇蹟降臨了。Emily 表示，他會看到她的微笑、聽到她的笑聲，然後繼父也會一起加入這些令人歡笑的活動。還有，繼父、媽媽和她三個人會一起吃早餐，計畫一下那日大家的行程。此外 Emily 還會很自動自發地自己穿衣服、整理床鋪，甚至

打掃房間。Emily 微笑著說，媽媽一定會非常驚訝的。之後，他們三人可能還會一起去公園玩。

在 SFBC 的第三步驟中，諮商師繼續使用玩偶，提供機會讓 Emily 能確認出例外所在或部分奇蹟發生的成功事例，即使只發生了一點點。Emily 描述了一次她非常快樂的經驗，是關於繼父與媽媽帶她去公園玩的例子，那是發生於他們再婚之前的事情。她記得，他們回來以後，她多麼願意幫忙媽媽處理洗衣的家事，甚至還主動整理好自己的房間。諮商師針對這點讚美 Emily，並詢問她怎麼會在沒有被媽媽要求下就主動整理房間。Emily 說，因為當媽媽快樂的時候，她也會變得快樂。對於 Emily 的回答，諮商師給予了肯定。此時，諮商師選擇用玩偶來扮演 Emily 的媽媽和繼父，並與 Emily 的玩偶一起進行角色扮演，演出了部分奇蹟發生的景象，如同 Emily 所描述的：早上醒來、和媽媽打招呼、一起吃早餐、整理床鋪、打掃房間，以及去公園等等。

評量是 SFBC 歷程的下一個步驟。評量的進行，使用的紙板是系列連續臉譜，上面有從生氣表情至快樂的表情。諮商師請 Emily 的玩偶拿著麥克筆圈選出一個表情，代表在朝向達成奇蹟的量尺上，她現在所在位置的表情。Emily 圈出 7 號的臉；之後，諮商師請 Emily 玩偶解釋她做出這個評分的原因。Emily 代表玩偶發言，回答了她在沒被要求的情況下就主動整理了房間。當諮商師以玩偶繼續詢問：「當 Emily 在 8 分時，她會做什麼事情」時，Emily 玩偶敘述她會和媽媽一起做功課，然後，她的繼父會在她睡前和她一起讀她最喜歡的故事書。

與 SFBC 一致的步驟是，在晤談結尾書寫包含了「讚美、橋梁陳述、任務」的訊息給兒童。在這個案例中，Emily 因為說出對母親和繼父的感覺以及願意用玩偶來扮演奇蹟，而獲得了諮商師讚美和鼓勵。諮商師讚美 Emily，如同她問題的「例外」時刻所指出，她成功達成了某部分奇蹟；

尤其，從她在未被要求下就自動整理房間，足以知道媽媽的快樂對她來說是多麼重要。Emily 的任務是要在自己的感受較正向時，專注於這些正向感受，並注意她在做什麼而讓這些感受出現。她也被邀請要多去注意自己在家裡及學校裡所做的事情，有哪些會幫助她在快樂臉譜量尺中上升 1分。諮商師繼續和 Emily 的老師與母親合作追蹤 Emily 的進展。在後續幾次晤談中，有一次，諮商師讓 Emily 在玩偶的另一側畫出一張新的表情。這幾次的晤談都以評量來開場，了解 Emily 當下是在什麼位置，並接著以本書前面所述的第二次晤談及後續晤談的方式來接續進行。後來，Emily在家中與學校裡都表現出顯著的進步；對於新的家庭組成，她開始能表達出自己的感受，對於學校課業更能愉快投入，而與母親的關係也有所改善了。

　　以下兩個例子亦說明了，玩偶能如何有效地用於 SFBC 與兒童的工作之中。八歲的 Lisa 正在處理壓力及某些憂鬱所導致的影響；她遭受了嚴重的家庭暴力，而有夢魘和睡眠上的困難。她的目標是：晚上睡覺時能好夢連連。使用玩偶有助於向她示範，要如何用一種不可怕的方式來表達她的感受和想法；而玩偶也被用來幫助 Lisa 視覺化她的奇蹟：平靜的安睡。追蹤晤談時的評量指出，她穩定漸進地朝著她的目標前進。Lisa 的母親表示 Lisa 不再做惡夢了。

　　四歲的 Jason 也在處理壓力反應，以及在幼兒園中嚴重的行為問題。他遭遇了虐待並曾被安置於三個養護安置處所。Jason 因為和同儕打架而被轉介來給諮商師，他的目標是能夠遊戲而不和人打架。跟隨著奇蹟問句，Jason 和諮商師使用玩偶扮演出他的奇蹟：在玩籃球或桌遊時，用更適當的方式與他人互動，即使是在他投籃未中或輸掉一局時。他可以離開挑戰性高的情境，而不用跟人打架。評量的分數也顯示出，他在連續臉譜中表現了從 5 分到 6 分的進步；在目前養護安置處所的行為也有所進步，

並能夠與同儕相處得更好。

　　SFBC 適用於與兒童進行工作。要幫助兒童在目前面臨的許多議題上找到滿意的解決之道，使用玩偶，對於促進這個歷程是很有價值的。

四　SFBC 晤談中使用沙盤

　　焦點解決取向已被整合至沙盤治療的運用中，以作為一種表達性的治療模式（McBrayer & Chibbaro, 2012; Stark, Frels, & Garza, 2011; Taylor, 2009）。Taylor（2009）指出，SFBC 的步驟與沙盤的模式「共享幾項基本的原理原則，而可能創造出它們聚合於理論應用上的潛能，這種應用乃強調韌性、優勢與可能性，而且不受主流語言取向常有的限制」（p. 57）。

　　McBrayer 和 Chibbaro（2012）成功地於沙盤治療中，採用了 SFBC 模式的奇蹟問句要素。McBrayer 和 Chibbaro 訓練一位小學諮商師及一位中學諮商師（這兩位諮商師都熟悉本書所詳述的 SFBC 方法），使用沙盤的方式來幫助當事人描述奇蹟問句。沙盤的素材包括：象徵天空或水體的藍色沙盤，以及幾種類別的小塑像（符號、人物、動物、交通工具等等）。

　　晤談實施於七位一至五年級的學生，依循著建立目標、引介奇蹟問句等 SFBC 步驟來進行。接著，諮商師邀請學生使用沙盤與塑像來「演出」或「創造」他們的奇蹟。當學生完成自己的沙盤並表示滿意時，諮商師便請學生描述他們創造了什麼，以此引導學生探索自己問題解決的能力，以及所經驗到他們在議題上些許成功的時刻。使用沙盤活動結合奇蹟問句的應用之後，晤談便繼續進行評量與標示地雷區的步驟。

　　整體而言，兩位諮商師都發現整合沙盤與 SFBC 的步驟，對學校諮商實務工作相當有幫助。除了一位學生外，所有學生都朝他們的目標有所進展。特別是，諮商師發現與一般學生相較之下，沙盤與奇蹟問句的整合對

於正在經驗關係衝突、表現憤怒與攻擊行為，以及傾向使用較少口語的學生們特別有幫助。雖然這個研究採用的是小樣本數的案例，但仍然對整合沙盤與 SFBC 於學校、機構和私人實務工作等情境中的應用，提供了支持。

🄯 焦點解決團體諮商

焦點解決概念亦可應用於團體情境當中。團體的應用類似於家族諮商，於過程中，當事人們會基於在小團體內外所觀察到的互動，相互給予回饋。下列兩個案例，描述焦點解決方法如何應用於一年級和三年級的兒童小團體諮商中。

(一) 團體諮商：例一

以下敘述所展現的，是一位小學諮商師如何將 SFBC 調整應用於小團體情境中（Margaret Cavitt, personal communication, February 15, 1996）。此團體的成立，是為了回應一位一年級老師對於處理五名具行為問題的男孩們感到棘手。此小團體計畫為：每週會面一次，每次 30 分鐘，總共會面六週。值得注意的是，每次團體會談時都會使用　面鏡子。

1. 初次團體會談

這些學生被問及他們認為自己為什麼被要求來參加這個團體，他們表示，自己在課堂上和下課後，對自己和老師都製造了一些令人困擾的行為。在這些團體成員承諾要學習如何改善自己的行為之後，領導者邀請他們想想：如果透過魔法，他們的問題消失了，他們的行為看起來將會是什麼樣子？以及進一步詢問：問題一旦消失了，誰會注意到、會看到學生本

人有什麼不同。這些問題，每位團體成員都要回答，同時也鼓勵團體中的
其他人幫忙提出：大家將會看到這位成員在做什麼不一樣的事情。

　　所有成員都有機會回答之後，領導者再請他們在量尺上為現在的自己
評分，指出他們在 1 到 10 分的哪個位置，以及給自己這個評分的原因：0
分意指從未做過任何剛剛描述的行為，10 分則為這些被描述出來的行為
總是在發生。隨著學生的自評，請他們各自在鏡子前與團體中，面對自己
許下一個諾言：他們會做什麼事情，來讓自己在量尺的分數能夠上升 1
分。領導者在索引卡上將每位學生的諾言記錄下來，並影印一份發給該生
後，此次團體就結束了。

2. 第二次會談及其後四次的後續團體會談

　　詢問團體成員從上次會面之後的進步情形，同時也鼓勵他們描述在這
一週所注意到其他每位成員行為上變得更好之處。接著，領導者請團體成
員在 0 到 10 分的量尺上為自己評分，並用振奮式引導及細節化的方式來
探索成員是如何做出改變的。接著再請成員們思考：這些改善的行為對於
他人和自己將會產生的影響效果。如果學生回報的評分顯示出退步，則會
表示支持並肯定他們對於防止讓分數降到更低分所做的努力，接著詢問他
們再來會做些什麼不同的事情以提高在量尺上的分數。

　　領導者也會引導成員們討論，對於要讓自己在量尺上提高 1 分，如何
許下新承諾。學生們會回到鏡子前對自己許下諾言，而領導者則會記錄內
容，影印並發下修改後的諾言給學生們。

　　團體會談結束前，請成員彼此分享：他們的進展哪些已經被看見，他
們又期望能繼續看見彼此的進展為何。接著這次團體便結束。而第三次至
第六次團體也依循同樣的形式來進行。

3. 結果

　　轉介這些學生前來諮商的教師，回報了學生們在行為上的正向改變。這五位學生都有了很大的改善，甚至他們在該學期中，所有的人都至少一次被認可為班上的「本週模範生」。這位擔任領導者的諮商師由於在這個團體及另一個解決導向團體中所獲致的成功，因此校長也請她花費更多時間來做諮商工作，而非做行政事務而已。

(二) 團體諮商：例二

　　另一個使用 SFBC 於小團體中的例子，是 Diane Nichols 與我分享的（e-mail, March 27, 2013）。Diane Nichols 是一位小學諮商師，參加了我在 2013 年 3 月舉辦的工作坊。她帶領的小團體是三位三年級的女孩，這些女孩被挑選來參與團體的原因是因為她們共同的需求：改善社交技巧，以及建立和維持友誼的能力。在團體會面中，Diane 提出了一些本書所介紹的 SFBC 歷程步驟中的相關問句，這些學生則輪流分享她們對每個問句的回應。Diane 常給予學生具有「振奮式引導」作用的讚美，幫助她們欣賞能使其交到更好朋友的正向優勢及特質。用 Diane 的話來說：「發生的魔力是，她們都從彼此身上獲得了新的想法。」這讓她們對於自己的回應變得更有自信與堅定。團體會談結束時，Diane 還會給予學生們一份訊息；學生們看來都很興奮能收到諮商師給自己的獨特便條。

　　在一週後的追蹤團體會面中，學生們都報告她們現在和其他學生相處得更好、能展現領導能力，也正在交新朋友。這些學生們的老師向 Diane 表示，他有注意學生們種種的正向改變。雖然這個小團體限定為社交技巧與友誼議題的工作，但是這種做法程序，亦可望能在小團體中處理其他議題。

六 在班級諮商使用 SFBC 方法

焦點解決班級諮商（solution-focused classroom counseling）方案是由一位小學諮商師 Jed Turner 所實施（personal communication, April 2, 1995）的成果分享。他試圖幫助一些四、五年級教師處理學生無法好好相處、無法成為一個有凝聚力的團體、不為行為負起責任的各種問題。這些班級已開始分裂，也危及到了學生學習的情形。幾位老師特別尋求 Turner 協助，提及他們已經一籌莫展，不知道該怎麼做了。

因應這些請託，Turner 發展了一個五次處遇的班級諮商計畫，這個計畫乃採用他一直用於個別學生工作的 SFBC 取向。根據此計畫，頭兩次會面（每次大約一小時至一個半小時）會在連續兩天中實施。第三次會面（大約 60 分鐘）在第二次會面後的二至三天實施；而最後兩次會面（每次 30 到 45 分鐘），則在一至兩週後進行。以下則敘述 Turner 對於某班級施行焦點解決班級諮商時所使用的策略。

初次會面

在初次會面前，諮商師除了引發教師參與的意願之外，也提醒老師，她即將會聽到的可能不會是讚賞的評論。初次會面的開場方式是先解釋諮商師何以會在這裡，並概述這五次會面大家將會一起工作來解決班上的問題。諮商師讓學生知道，老師邀請諮商師來幫助班級解決他們的困難，展現了老師希望改善班級情況的一種關心與投入。諮商師也強調，老師樂於聽到學生們對她的看法，即使這些看法不見得是正面的。

首先，諮商師建立了參與的基本規則（例如：每個人都有權利發言；不批判他人說的話；在描述情況時，學生或老師不會被指名道姓，而是用

一般性的詞彙來指稱，例如「這裡的一個孩子」、「班上有些學生」或「該
名老師」）。大家的評論意見會被記錄在一張很大的紙上，這張大紙會在
會面中被張貼出來，並保留到後續使用。此外，該班老師會和學生們一起
參與這個歷程。

　　會面一開始時，由學生們敘述他們所知覺到的班上問題。諮商師詢
問：「這個班級的問題是什麼？」來開啟這個討論。每位學生都被鼓勵參
與，而所有意見也都被記錄下來。諮商師解釋著，在所有情況中，正向與
負向的事物總是並存，並請學生想想班上的正向事物，這樣他們就可以在
隔天回來時討論。這次會面，就以這項任務作結。

第二次會面（隔天）

　　第二次會面一開始，諮商師便請學生們與老師指出在班上觀察到的正
向事物。學生答道，老師很公平、確實傾聽學生需求並嘗試提供幫助，某
些同學不會批評或取笑他人（在這個時間點，負向目標還未重新建構為正
向目標）。在這個步驟中，諮商師也請學生確認，他們觀察到正向事物發
生的那些時刻是發生於何時。

　　接下來，諮商師提出一個類似奇蹟問句的問題：若大家所有的問題都
消失了，這間教室看起來會是什麼樣子。「讓我們來假裝，這支粉筆（教
學指示棒、直尺）有魔力，當我一揮過教室，奇蹟就會發生，在這裡的每
件事情都會如你們所願。」當學生回答奇蹟問句時，負向目標被重新建構
為正向目標。如同第二、三章所討論，諮商師繼續澄清描繪出奇蹟圖像的
每個具體細節，並記錄在一張大紙上、加以張貼。

　　學生們通常會主張奇蹟是不可能達成的。諮商師也表示同意，要百分
之百擁有每件所欲事物或達到完美是不可能的；然而，若將目標設定為努
力朝向讓部分奇蹟能夠發生，「那麼，班上的每一位同學都願意做出這個

承諾嗎？」諮商師接著詢問。

諮商師此時使用了一種評量的方式：請學生們舉起手並伸出手指，比
出他們願意承諾要去改善的程度是幾分。沒有手指，代表毫無承諾；伸出
五根手指，意味著他們幾乎願意做任何事情來讓奇蹟發生。之後，再以問
句來對影響學生產生堅定承諾的阻礙進行探索，如：「是什麼阻擋你堅定
承諾的呢？」或「當你堅定承諾時──只要多一根手指頭就好──那時你
會做什麼事情呢？」

請學生和老師寫下：他們將會做什麼事情來讓奇蹟發生，第二次會面
便以這個回家作業任務來作結。諮商師向學生強調「專注於自己會做的事
情，而不是別人沒在做或者正在做的事」之重要性。學生保持專注於自己
要做的事情，並為自己的行為負起責任是很重要的（這點要特別強調，否
則學生會傾向於專注在他人的行為上）。諮商師也提及這次會面一開始就
張貼的那張寫有正向事物的表單內容（問題的例外），提醒學生有某些內
容已經發生了。諮商師幾天後會再次回到這個班上，而回家作業任務需要
在此之前完成。

第三次會面（二至三天後）

諮商師先請學生們大聲唸出他們的家庭任務，請該班確認：在過去幾
天裡，一些成功事例已經出現的時刻。當這些時刻得到了學生的注意時，
諮商師便給予振奮式引導，並幫助學生細節化他們是如何讓這些事件發生
的。

接著，諮商師在黑板上畫出一條寫有數字 0 到 10 的線，0 代表班上
最糟糕的時候，10 則是奇蹟的一天。然後請學生評分：他們認為班上現
在在哪個位置，以及他們做了什麼，而讓分數能從 0 分上升到目前位置的
數字（若學生的評分有歧異，可以將他們的分數平均，得出一個團體的評

分）。諮商師隨後詢問學生：他們必須做什麼能讓分數在量尺上升 1 分，
以及他們要如何才能讓那樣的行為和情境發生。此外還會詢問學生：「老
師會注意到有什麼不同，而讓她知道情況已經在量尺上改善 1 分了？」在
這整個步驟中，老師也可提供意見。

　　最後，諮商師給予一個任務：學生和老師要 (1) 從現在到下次會面之
間，注意自己及班上其他人所做的哪些事情是讓量尺上的分數上升 1 分
的；以及 (2) 當他們觀察到這些正向的情況發生時，便讚美彼此。這個活
動是設計來引發班級氛圍的改變，使其從負向、批判的氛圍，轉變為正向
與讚美的環境。

第四次會面（一週後）

　　這次會談一開始，便詢問學生們知覺到班級現在所在的量尺位置，以
及這週發生了什麼事情，而讓他們能夠到達這個評分分數。諮商師以振奮
式引導與讚美的方式肯定學生的努力，並引發細節化：他們是如何設法為
了他們自己，而讓這些改變發生的。諮商師也會再次請學生們界定出：他
們將需要做什麼才能讓他們在量尺的位置上再提升 1 分。這次會面大約持
續 30 至 40 分鐘，然後與第三次會面一樣，提出一個作業任務作結。這次
的任務是：關注情況好轉的時候，並且彼此予以讚美，在最後一次會面時
將針對這些好轉的成功情況進行討論。

第五次會面（兩週後）

　　這次會談的形式亦如同前次。在會面結尾時，諮商師則指派該班繼續
做那些有效的、會讓班上往 10 分前進的事情。

結果

在沒有諮商師進一步處遇的情況下，這個班級的情況繼續改善。老師
對於這次班級諮商的結果感到格外高興，不僅她與學生有所好轉了，她還
從學生的回饋中學到了要如何成為一位更有效能的教師。或許最重要的
是，這位老師現在能夠以「解決之道」而非「問題」作為思考的重點，並
能尋找與強調「成功」而非「失敗」。這個方式也賦能了她的學生們，並
激勵了他們的自尊。

聽到了這次焦點解決班級諮商的成功之後，多位教師也都為自己的班
級爭取這樣的機會，而他們也享受到了相似的成果。

七 焦點解決親師會議

下述所描述將 SFBC 原則應用於親師會議的經驗，是 Russ Sabella 博士
與我分享的。Sabella 博士是佛羅里達海灣海岸大學（Florida Gulf Coast
University）教授，也是美國學校諮商師學會（American School Counselor
Association）前會長。我們以前曾是同事，所以 Sabella 博士和我一直保持
著聯絡。我們有一次討論 SFBC，他提及他曾幫助諮商師於家長、教師及
學生的會議中使用焦點解決方法。他慨允同意在本書中，分享他所進行的
焦點解決親師會議（solution-focused parent–teacher conference, SFPTC）工
作。以下即為他描述內容的概要（e-mail, August 22, 2013）。

Metcalf（2001）曾歸納一個結論：「會議不應被視為一個報告學校無
效事物的會面。反之，教師（和諮商師）可以建構出一個機會，討論什麼
對學生是有效的」（p. 18），這段話已為傳統親師會議與焦點解決會議的
差異做了最好的概述。SFPTC 模式提供諮商師一個工具，來促進正向、

鼓舞人心的會面,從中能改善事件關係人——家長、老師和學生——之間
的投契關係。SFPTC 取向以一種有效推進歷程的方式,讓各方的優勢與
資源發揮功效。接下來幾段將介紹 SFPTC 歷程的三個步驟,並以一個範
例列後說明。

第一部分:簡短探索問題或議題

　　記得,諮商師應以焦點解決問句開啟每一次會談,例如:「若作為我
們一起工作的結果,我們將會如何看到 Johnny 在學校表現得更好?」
Sabella 博士指出,要讓家長與老師多說他們希望發生在學生身上的事而非
不希望的事情,其實並不容易。他也表示,要讓各方談談自己的行動而非
要求他人的行為,也同樣具有挑戰性。他發現給予「以問題為中心」的討
論幾分鐘,可以產生宣洩作用,並能分散怒氣而減低防衛。「問題式談話」
是可以接受的——只要諮商師讓自己的「焦點解決之耳」維持開啟,並在
會議的進行中帶領會議朝向「解決式談話」。

第二部分:重新聚焦於解決問題的動機

　　讓家長及老師討論問題幾分鐘後,詢問他們每人這三個問句:「這個
議題一旦獲得解決後,事情會有什麼好轉?對你和＿＿＿＿(學生)有何
影響?你會在做什麼不同的事情呢?你現在什麼時候已經會做到剛提的這
些事情的某些部分呢?」這些問句會將會議從「聚焦於問題」轉變為「聚
焦於解決」。邀請家長與老師開始:(1) 以細節描述,若問題獲得了解決,
他會做什麼或想什麼;接著 (2) 至少開始進行剛才所描述之行動的某些小
部分,這些行動往往也會引導出學生的改變。這與常見的情況——老師或
家長在改變自己之前,會先等待學生的改變——形成了對比。

第三部分：探索解決之道並使用評量

　　SFPTC 歷程的這個部分，需要你運用本書描述的所有焦點解決處遇方法——設立正向目標、細節化、心靈地圖、標示地雷區、以循環關係問句予以強化、重新建構，以及重新聚焦——來促進未來的進展。請記住，目標必須經過細節化，使其能顯示出一個行動或可觀察得到的行為（而非行為的消失），同時也需要是能在當事人的掌控之內。例如，不要讓家長來為教師設立目標，反之亦然。最後，每個目標都應明確地對「結局」有所助益——也就是學生的成功。若時間允許，焦點解決評量在此時可能會很有用，它能幫助增強已獲得的進展，並細節化未來的進展。

　　或者，你可以在一開始就使用評量歷程，來作為前述第一部分到第三部分的替代選項。若你用評量來開啟會談，很重要的是必須讓學生在場，並且讓學生先行開始進行評量。諮商師需要先解釋這個量尺，並詢問學生：什麼分數能代表他目前在學校常有的表現情形。接著將這個討論向其他人開放：詢問家長在家中觀察到什麼情形是能說明已有所進展的；詢問教師在學校觀察到什麼情形顯示了進展的徵兆。Sabella 博士提到：「我們有這個想法是因為希望將已經有效之處能夠細節化，即使只有一點進展，都能成為我們繼續向上建構的基礎。」在學生回應之後，你可以詢問每一位大人他們正在做的哪些事情可能有助於促使這個成功事例得以發生。Sabella 博士舉例說明：母親可能回想起在學生開始出現退步的徵兆之前，她在孩子進門時會跟他打招呼、問候他當天的生活，而不是像她最近所做的——預期會得知孩子惹麻煩，開始在孩子的背包翻找老師寫的字條（取自真實故事）；而老師可能會發現與現在相比，在這位學生行為表現「較好的日子」中，自己較常點他發言，並能注意到他表現良好的努力（另一則真實故事）。將已獲得的進展細節化，將會為進行更多有效的事情鋪路，並可界定出：當學生在目標上更為成功時，每個人會做的新行動。

　　當適合討論未來進展的時機（如情況在量尺上提高 1 分了）來到時，所有參與者都可以透過回答這個問句來貢獻己力：「當＿＿＿（學生）在＿＿＿分（下個再高 1 分的分數）時，你們每一位將會做更多什麼事情？」這種問題往往會促使老師、家長與學生認識到，做更多「當學生表現較好時，他們在做的事情」之價值，而這也將是促進進展的關鍵。整個討論中都可以納入振奮式引導、細節化、心靈地圖與標示地雷區的運用。

　　以下摘錄自一次焦點解決親師會議過程，參與者包含：家長、教師、學生與諮商師。

　　在一些客套的對話後，諮商師為會議的第一部分進行開場，說到：「我們在這裡關注 Joanie 的進展，以及她將會如何朝著目標前進來達成所欲的期望。我的目標是確保你們每位都能擁有發言的機會，並且讓我們能一起想出有效的計畫。Joanie，我的了解是妳的成績在下滑。讓我們從妳先開始。妳相信，當妳朝著目標前進時，妳會把什麼事情做得更好呢？」Joanie 回答：「我不知道，也許是做更多功課？」教師突然在沒有提示下就接著說話，表示他的贊同。他指出 Joanie 曾完成各項功課，他一直很開心 Joanie 能在這個班上。接著他開始描述問題與不足之處──Joanie 現在不帶課本上課，她不參與課堂活動──此時，Joanie 的母親顯然變得激動。Joanie 的母親回應並舉出他們認為老師行為缺失之處（如：你點她回答最難的問題、你對作業下的指示模糊不清等）。諮商師進行處遇，認同這位家長想解決現況的急切，並將會議帶往更有生產性的方向，但是這位家長持續舉出老師其他的缺失。於是老師的回應開始自我防衛，並補充：「或許有事正困擾著 Joanie，使她精神無法集中？」（老師試著找出問題的肇因，是傳統上「以問題為中心」之會談的特徵。）此時，諮商師進行如下的處遇，以便將會談的第一部分（探索問題）繼續推動向第二部分前進（重新聚焦於解決問題的動機）〔C 為諮商師；P 為家長（Johnson 太太）；

S 為學生（Joanie）；T 為教師（Smith 老師）〕：

C01 ：讓我們用幾分鐘來整理一下。到目前為止……我們知道的
是，媽媽，妳很沮喪也很擔心。Smith 老師，你知道 Joanie 可
以做得更好，因為她曾經做到過。然後在我看來，這個情況
一旦解決了，對你們每一位來說，生活都會更輕鬆（此時環
顧屋裡的每個人），包括你，Joanie、Smith 老師，還有妳也
是，Johnson 太太。

P01 ：沒錯。

T01 ：當然。

C02 ：Joanie，讓我們從妳開始。當這個情況最後獲得解決了，事情
會怎麼樣變得比較好呢？

S02 ：我會更明白功課要做些什麼，而媽媽也不會再一直為了這件
事來煩我，我就不必還要來參加像這種的會談。我可以重新
擁有我的生活。

C03 ：所以，一旦妳能完成功課、並在課堂上參與，那麼妳就希望
媽媽不需要再為這件事而跟妳起衝突。我這樣說對嗎？

S03 ：你說對了。

C04 ：（對媽媽說話）媽媽，如果妳再也不必因為 Joanie 的功課而
跟她起衝突，那麼，妳將會做的是什麼呢？

P04 ：我不必再擔心。我會知道她的功課已經完成且繳交了。那
麼，我們就能聊聊其他事情。

C05 ：像是什麼呢？妳們喜歡聊什麼事情呢？

P05 ：我不知道。可能是她的週末計畫，或是她朋友有什麼新鮮
事。

C06 ：Smith 老師，當 Joanie 完成了更多功課並在課堂上更積極參與
　　　時，你的工作會如何更為輕鬆呢？

T06 ：我也一樣，不必再擔心她了（Joanie 看起來很驚訝）。然後我
　　　會更能享受有她在班上，我將會以她為榮，因為她做了她的
　　　工作，也做了其他我知道正在觀望的學生們的模範。我也會
　　　感到放心，因為我知道如果她做了功課，她對下一學期便有
　　　更好的準備度，下學期的課業也就不會沉重地堆積在她身
　　　上。

　　諮商師將討論引導至 SFPTC 歷程的第三部分（探索解決之道並使用
評量）。在此次會議中，諮商師開啟這部分的方式是使用細節化來探索解
決之道。如下所示：

C07 ：Smith 老師，你說你觀察到 Joanie 上學期表現得更好。我很好
　　　奇，你注意到她那時是什麼部分做得比較好呢？請告訴
　　　Joanie，她上學期是什麼部分表現得比較好或有所不同？

T07 ：（對 Joanie 說話）那很簡單。Joanie，妳記得妳之前常常會進
　　　教室後馬上坐好，並等待課程的開始嗎？現在妳在我們就要
　　　開始上課之前，似乎都還很焦躁。而且，讓我們面對現實
　　　吧，妳在上學期確實繳交了比較多的功課。

C08 ：Joanie，Smith 老師在告訴我們……（簡述語意）。妳會說妳之
　　　前是做什麼事情來協助說明，妳何以從前在上課的一開始就
　　　能夠比較專注，以及能做更多功課呢？

S08 ：我不知道。

C09 ：（鍥而不捨）等一等，讓我們想一下這個問題。妳一定做了

一些事情或告訴了妳自己一些話，所以能幫助妳那時能夠做
較多功課以及……

S09 ：我不知道。也許是因為我的心情狀態比較好吧。

C10 ：好的。那麼當妳在比較好的心情狀態，妳會說妳的哪些方面
表現得比較好呢？

S10 ：我會微笑，更加放鬆，也更認真。

C11 ：那時，妳會跟自己說什麼，是妳現在可能沒有對自己說的
話？

S11 ：就是，如果我現在把這件事做了、熬過它，就會讓生活變得
更輕鬆。

C12 ：好的，所以當妳告訴自己如果妳現在就把這件事做了、熬過
它，生活就會更輕鬆的時候，似乎是有效的。還有嗎？

S12 ：就是，我需要認真專心，這樣我就不會落後。

C13 ：太棒了！那麼妳那時候在做什麼事情而讓 Smith 老師知道妳
有專心呢？（進一步細節化）

S13 ：我在認真聽他說話而不是跟其他同學講話。我那時候的精神
也好多了，因為睡得比較好。

C14 ：妳是怎麼能睡得比較好的呢？

S14 ：我比較快做完功課，而不是等到時間很晚的時候才拿出來
寫。

C15 ：非常棒，Joanie。我看得出來，妳真的有思考，而且真的想出
來了。（振奮式引導）

C16 ：媽媽，輪到妳了。妳會說妳之前看到 Joanie 在家做些什麼事
情，是可以幫忙了解她是怎麼能做更多功課的？

P16 ：（沉默了幾秒）她告訴我她的功課已經做完了，所以我不知

道。

C17 ：所以妳不確定她是否在做她的回家功課，對嗎？之前妳怎麼
　　　知道她在做她的回家功課呢？

P17 ：我不知道。

C18 ：（對 Joanie 說）那麼 Joanie，我很印象深刻。上個學期妳做了
　　　所有的功課，即使媽媽沒有檢查也沒有問妳。這有可能是真
　　　的嗎？

S18 ：對。（微笑）

C19 ：我覺得那太了不起了，因為那真的顯示妳可以如此成熟和負
　　　責。（**振奮式引導**）太棒了。現在讓我們繼續，Joanie，和現
　　　在比起來，妳以前都會做更多功課，即使是在媽媽沒有檢查
　　　的時候；我很好奇妳是如何為了自己讓那樣的情況發生呢？

S19 ：我知道有作業要完成，長痛不如短痛。我就是一回到家時就
　　　馬上去做；因為我還想去做其他事情。

C20 ：我懂了。那麼如果妳現在再次這樣做，妳將會開始能夠做完
　　　所有的功課？

S20 ：對。

C21 ：Joanie，我知道這需要紀律，而且是不容易持續的。妳是怎麼
　　　做到這件事，即使情況有時候可能會比較困難？（**標示地雷
　　　區**）

S21 ：我知道。有很多東西很容易讓我分心。

C22 ：（**諮商師不聚焦在分散注意力的事物上以免被岔開話題而進
　　　入「問題式談話」。**）好的，那麼妳會如何專心在課業上，即
　　　使當妳容易分心的時候。

S22 ：我想我會需要把手機放在另一個房間，讓它不干擾我，也讓

　　　我拿不到它。

C23 ：聽起來是一件很聰明且值得去做的事。妳還會如何保持專
　　　注，即使不容易做到？

S23 ：我會需要拿出所有東西並準備好——課本、鉛筆、飲料、計
　　　算機、我的作業單，那我就不會站起來，然後就開始鬆懈
　　　了。

C24 ：哇，這又是一個很棒的主意。我必須記得這個點子，像是祕
　　　訣一樣提供給其他用得到的學生。稍微轉個方向……Joanie，
　　　那麼 Smith 老師又會在課堂上注意到什麼，讓他知道妳已經
　　　回到上學期的狀態了？

　　　在這裡，學校諮商師使用細節化、心靈地圖、評量、標示地雷區、振
奮式引導，同時也強化每一位參與者。接著，這位諮商師書寫一則簡短的
訊息，讚美他們每個人的好點子以及對於支持這位學生日後成功的承諾投
入，並且請他們注意進展，以準備好在下次會談中提出來。

　　　你應該已經掌握了這一個概念——此會談的焦點，從問題、到動機、
到焦點解決取向的充分實踐，同時納入一層層的團體歷程技術。那的確是
焦點解決親師會議背後的概念——讓這個會議變為一場焦點解決團體晤
談。

八　焦點解決引導式心像

　　　焦點解決引導式心像（solution-focused guided imagery）結合了 SFBC
與引導式心像的技術，將 SFBC 實務工作延伸運用於各種大小的團體情境
中。此處呈現的焦點解決引導式心像方法，先前已曾出版（Sklare et al.,

2003）。雖然最早參與焦點解決引導式心像的人都是成年人，但這個方法看來對青少年也會具有效能。為了完成這個活動需要書寫技能，以及此活動並沒有諮商師和每位參與者直接溝通的特性，年幼兒童（小學學齡者）可能無法了解或完成這個程序所要求的事情，因此，建議這個方法用於年齡為青少年以上者。

這個歷程使用引導式心像技術，引導團體參與者經歷一次焦點解決「旅程」。諮商師會使用類似本書前面敘述的一系列焦點解決處遇方法，引導參與者進行每一個步驟：閉起眼睛並清晰地想像自己的想法、感受與行為，並用這樣的方式演示出他們正在解決他們問題的歷程。在開始晤談之前，提供每位參與者一份 13 頁的講義，每頁列出一個步驟（參見附錄C）。諮商師需唸出每一個步驟，並讓參與者有時間將他們的回應加以視覺化，然後再將視覺化的內容書寫在講義上。此活動大約需要 40 到 50 分鐘。焦點解決引導式心像在小團體或人團體中都能奏效，而團體的大小則是沒有限制的（Sklare et al., 2003）。附錄 C 包含了詳細且逐步說明此歷程的指導語。

本章摘要

本章提供了轉介單幫助轉介者界定出：學生若要改善處境，所需做到及已經做到的具體改變，以此提高 SFBC 的效能。本章也說明了焦點解決原則如何應用在團體與班級諮商情境、親師會議，並介紹了焦點解決諮商如何結合於沙盤和玩偶的使用中。最後，焦點解決方法與引導式心像過程的結合，將可擴展使其同時用於人數不受限的當事人，而讓學校諮商師和心理健康專業人員能夠有成效且有效率地服務更多當事人。

九 尾聲

　　在本書結尾，很適合再次強調 SFBC 的獨特優點。雖然這個取向並非
對每位當事人都是解答之鑰，但它的確是特別具有多功能的效益——對於
許許多多的問題或診斷都能奏效。SFBC 的萬用性源自於一個簡單的事
實：諮商目標是當事人的目標——而非諮商師的、家長的、老師的、校長
的、社工的，或心理學家的目標。只要當事人能幫忙界定出他們希望達成
的事物，無論其本質上有何困難，焦點解決取向都能奏效。

　　焦點解決取向另一個優點是「快速」有效。因為能在諮商開始之後很
快地觀察到效果，當事人會經驗到動機感的強化，願意去實踐行為的改
變。而與家人、老師、朋友、同事、老闆及重要他人關係改善後的附帶效
果，也常增加了當事人做出正向選擇的動機。

　　SFBC 取向的獨特之處，在於它辨識出「關注焦點」的力量。SFBC
認識到，當諮商聚焦於問題——描述問題、問題頻率與問題影響時——當
事人通常會傾向於繼續擁有這些問題；而當諮商聚焦於解決之道——有效
之處、如何有效、何時有效時——當事人則傾向於去經驗到更多對於種種
困難的解決之道。結果是：你會得到更多你所關注的任何事物。SFBC 的
這個單純信念，或許正是它最有力量之處。

　　我希望這本書激勵了你想要開始與你的當事人嘗試這個取向，我鼓勵
你真的能開始進行這樣的努力。在成為一位有效能之焦點解決短期諮商師
的路途上，你很有可能經驗到種種撞擊。記得可以回顧本書中能解決你
「卡住點」的相關章節，或者參加一些 SFBC 工作坊，都有助你產生更好
的著力點。*

　　過去這二十年，我看見了 SFBC 在學校、機構及私人執業場所裡，與兒童、青少年、家庭、伴侶和成人工作上的有效性。未來在前方令人振奮的挑戰將是，繼續向諮商社群分享焦點解決取向，讓更多學校諮商師、心理學家、社工人員、心理健康實務工作者、教育者與當事人，一起保持著對解決之道的關注，共享這樣激勵人心的成功。

＊如果你有興趣在你的學校、學區、大學、專業組織、心理健康機構辦理 SFBC 工作坊，可以寫信至 gsklare@gmail.com，或來電 (502) 429–5221 / (502) 551–3530 與我聯繫。而在 YouTube 上，可以看見一段關於 SFBC 的 30 分鐘訪談（以 Google 搜尋「Gerald Sklare Solution Focused Brief Counseling」即可尋得）。

同時，你可以參考一段影片，當中包含了兩段 SFBC 晤談，乃是我遵循本書描述之諮商模式所進行的。影片中示範了與一位 10 歲男孩的 SFBC 初次晤談與後續晤談，是為真實的案例。此影片的標題為：Solution-Focused Brief Counseling: Two Actual Interviews With a Child，可於亞歷山大資料庫（search.alexanderstreet.com）購得（在搜尋列輸入「Sklare」即可尋得）。

更多關於 SFBC 工作坊及其他相關資源的訊息，可於 www.sklareandassociates.com 網站取得。

附 錄

 **A** 練習將一個不明確的目標，
加以細節化

回應下列例句，以引發當事人的目標細節。

1. 當事人：「我想得到更好的成績。」

　諮商師的細節化回應：「為了得到更好的成績，你會做的第一件事情
是什麼？」

2. 當事人：「我想要做會讓父母引以為榮的事情。」

　諮商師的細節化回應：「那麼你爸媽會看到你在做什麼事情，而讓他
們引以為榮？」

3. 當事人：「我想要有更多朋友。」

　諮商師的細節化回應：「你會看到自己在做什麼事情來交到更多朋
友？」

附　錄

練習活動：
與 Kasey 的諮商晤談

　　以下這段逐字稿*提供你一個練習 SFBC 處遇方法的機會。在開始練習之前，請先準備一張紙或紙卡，讓你在閱讀對話時可以用來先遮住一些文字內容並進行思索。亦即當你在文中讀到每個處遇提示（即括弧中以粗楷體字印刷的文字）時，需用這張紙或紙卡先遮住該提示下方的文字內容，並寫下在晤談此時，你會對這位當事人使用的回應或處遇方法。接著，將你的回應與書中晤談所使用的回應相比較。由於使用 SFBC 回應當事人的方式有非常多選擇，因此我的回應僅為一個參考指引。在開始這個練習活動前，你或許可以先閱讀一次下列的 SFBC 處遇方法提示清單，判斷是否需要先複習本書前面的篇章，以喚醒你對清單中所列出的 SFBC 步驟或技術的記憶。

● 處遇提示

（界定目標）
（為目標進行細節化）
（將負向目標重新建構為正向目標）

---

*資料來源：*Brief Therapy With Individuals and Couples*, J. Carlson and L. Sperry (Eds.), copyright 2000 by Zeig, Tucker & Theisen, Publishers. Reprinted with permission.

（細節化）

（振奮式引導）

（奇蹟問句）

（循環關係問句）

（反向循環關係問句）

（摘要性陳述）

（「還有呢」問句）

（成功事例／問題的例外）

（「接受擁有權」的處遇方法）

（心靈地圖）

（評量）

（提升量尺分數的處遇方法）

（標示地雷區）

（結束當次晤談之陳述）

以下案例是我與一位 10 歲非裔美國小男孩進行初次晤談的逐字稿。他名為 Kasey，居住在一個中型都市的公共住宅，是行為障礙班級裡的學生。Kasey 的老師轉介他前來與我諮商。這次會談中我所使用的策略乃依照本書所討論的模式，也是多數焦點解決晤談中會使用的典型策略。

● 初次晤談

會談是以一段開場性的說明來開啟的，用來建立投契關係，並幫助當事人對於諮商更感自在。隨後，諮商師會向當事人描述會談中將使用的程序，並且以討論與決定當事人的諮商目標作為晤談的開端（C 為諮商師；K 為 Kasey）：

（界定目標）

C01 ：是什麼讓你來到這裡？

K01 ：我有問題。

C02 ：你有問題？你是指什麼呢？

K02 ：我喜歡招惹別人，我喜歡打架。

C03 ：這是你希望自己能夠停止去做的事情嗎？

K03 ：有時我想停止。有時我被惹毛了，我就會開始變得暴躁。

（將負向目標重新建構為正向目標）

C04 ：所以如果你有時候能夠停止惹事了，你會是在做什麼事情來
取代呢？

K04 ：我會看電視、玩任天堂，還有做我的回家功課。

C05 ：所以這些是你會做的，而不是惹事和打架那些事情？

K05 ：或是如果我在學校，我會做功課、玩遊戲。

（摘要性陳述）

C06 ：我想我對於你想做的事情有了一個圖像了。你說的是，有時
候你並不想打架，也不會想要惹事，而在這些時候，你比較
想要的是玩遊戲，用友善的方式來玩。

K06 ：對。

（奇蹟問句）

C07 ：這是第一個很瘋狂的問句：假設今晚你睡著時，有一個奇蹟
發生了。因為你在睡覺，你不知道這個奇蹟已經發生了。當
你早晨醒來時，讓你來諮商的問題已經消失了，你再也不打
架或招惹別人了。隔天你會注意到什麼，讓你知道已經有個
奇蹟發生了？

K07 ：我不會再對他們暴躁、做任何傷害他們的事情。

（將負向目標重新建構為正向目標）

C08 ：不再暴躁，那麼，取而代之的，你會是在做什麼事情呢？

K08 ：我會去朋友家，看看他們在做什麼。

（細節化）

C09 ：所以你會去朋友家看看他們在做什麼，而不是暴躁。那麼他
　　　們會注意到你在做什麼事情，會讓他們知道「嘿 Kasey……」

K09 ：你改變了。

（細節化）

C10 ：他們會說你變成怎麼樣了呢？他們會看到你在做什麼事情
　　　呢？

K10 ：我不會像以前那樣有時會欺負他們。

（將負向目標重新建構為正向目標）

C11 ：不欺負他們，那麼你會在做的是什麼不一樣的事情來代替
　　　呢？

K11 ：我會好好地和他們說話。

（循環關係問句）

C12 ：當他們看到你好好地和他們說話而不是欺負他們，他們會對
　　　你有什麼反應？他們會做什麼呢？他們會怎麼回應你呢？

K12 ：會對我好。

（細節化）

C13 ：他們會做什麼不一樣的事情，表示他們在對你好呢？

K13 ：像是，當他們投球給我而我漏接時，他們會給我一個眼神而
　　　且說：「沒關係，下次努力試著接到吧。」

（反向循環關係問句）

C14 ：當這樣的情形發生時，你又會有什麼不同呢？

K14 ：會試著幫他們接到球。

（摘要性陳述）

C15 ：我猜，那麼整件事情將會產生不同的改變。如果你開始做出
　　　那個小改變，那也會造成他們的改變，然後那又會造成你的
　　　改變。

K15 ：對。

（「還有呢」問句）

C16 ：告訴我，如果這個奇蹟發生了，還有什麼會不同呢？

K16 ：我不會罵他們。我們會開玩笑，但我們不會罵人。

（將負向目標重新建構為正向目標）

C17 ：不會罵人了，那麼你會是在做什麼事情來代替罵人呢？

K17 ：我會叫他們真正的名字，而不是說：「笨蛋，怎麼啦？」

（循環關係問句）

C18 ：當他們聽到你叫他們名字的時候，他們會做什麼呢？

K18 ：（做出「下巴掉下來了」的動作。）

C19 ：（笑。）他們的下巴會掉下來。他們會說，這是一個新的
　　　Kasey。他們會大吃一驚。

K19 ：他們一定會的。

C20 ：如果你那樣做，會讓他們大吃一驚！那你那樣做之後，他們
　　　又會跟你說什麼？當你用那種方式跟他們說話後，他們會怎
　　　麼反應？

K20 ：你改變了！他們也可能說：「你改變了好多！」

（循環關係問句）

C21 ：他們會那樣說。這樣的話，他們會怎麼對待你呢？

K21 ：他們會對我好。

（細節化）

C22 ：他們會做出哪些對你好的舉動呢？什麼會讓你知道他們在對你好呢？

K22 ：像是我說的，如果我沒接到球之類的，他們會拍拍我的背然後說：「下次再加油。」就像當我們在踢足球而我踢歪了，仍然會有人從遠處直直地踢給我，讓我可以接到球；如果我漏接的話，他們會就只是拍拍我的背。

C23 ：你會用他們的名字來叫他們，而不用其他言語或其他東西來叫。你會用名字來叫誰？

K23 ：Dominique、Darrell。

C24 ：所以你會說：「Darrell，怎麼啦？」

K24 ：對。說「怎麼啦」這個話，是我不會改變的地方。

（反向循環關係問句）

C25 ：那麼，如果你突然開始用名字來叫他們，說：「Dominique，怎麼啦？」然後他們拍拍你的背，接著你又會做什麼來回應呢？

K25 ：也會拍拍他們的背，或碰碰他們的肩膀。

（摘要性陳述，以及「還有呢」問句）

C26 ：換句話說，你會和他們有一種不同的關係。那麼，有了這個奇蹟之後，還會發生什麼事呢？

K26 ：我會有所不同；每件事情都會有所不同。

（細節化）

C27 ：那你會注意到還有什麼事情會有不同的？

K27 ：我起床時會說：「嗨，媽媽！」或者「嘿各位，大家起床囉！」

C28 ：所以，你會知道這個奇蹟發生了，是透過你會說：「嗨，媽
　　　媽！嗨，大家！」然後你會起床。那麼，誰會注意到這個改
　　　變正在你身上發生著？

K28 ：我們全家。

（循環關係問句）

C29 ：他們全都會注意到？他們會說什麼呢？

K29 ：「見鬼了，你變了！」

C30 ：他們還會怎麼知道 Kasey 已經改變了呢？

K30 ：我會幫著媽媽煮飯，我會在她到家前就開始煮飯。有時候，
　　　我會做好每部分。或是，我會先做一半，然後媽媽到家後先
　　　休息一會兒，她再做另一半。比如墨西哥玉米捲餅，我做漢
　　　堡包和萵苣的部分，並且將餅皮加熱。

C31 ：在她回到家之前？真的！哇！我打賭她會很感謝你這樣做
　　　的，不是嗎？會很感謝你這樣的幫忙。

K31 ：對。她會很感謝我這樣做。我昨天做了這些事。我們做了墨
　　　西哥捲餅，我加熱了餅皮、切了些萵苣和番茄；媽媽做了漢
　　　堡包和其他所有事情。

C32 ：哇，你已經把一部分事情做好了。

K32 ：對。

C33 ：那麼，媽媽會注意到你有在幫忙的。你家裡還有誰會注意到
　　　這個奇蹟已經發生了呢？

K33 ：我弟弟妹妹可能會看到，我會更常跟他們一起玩。而且我會
　　　對他們很好，就像我對我朋友一樣。

（細節化）

C34 ：他們會看到你在做什麼，而讓他們知道：「嘿，他對我不一樣

了，就像是對他的朋友們一樣。」

K34：我會在功課上幫忙他們。當他們問我功課的時候，我通常都
　　　拒絕他們。有時候我幫他們，有時候我不幫。當我想要對他
　　　們好的時候，我才會比較友善。

（循環關係問句）

C35：所以你會在功課上幫忙他們。那麼這一定會讓他們知道你改
　　　變了。當他們看到你那樣做的時候，他們會怎麼跟你相處
　　　呢？

K35：他們就不會再對我暴躁了，因為他們知道我在對他們友好。
　　　我通常會先對他們暴躁。

C36：所以他們會對你友好而不是對你暴躁。

K36：對，因為如果我對他們暴躁，他們也會對我暴躁。

C37：所以你對他們怎麼樣，你就會得到那樣的回報？

K37：對。就像有時候，我需要功課上的幫助，他們就會幫忙我做
　　　功課。

（成功事例／問題的例外）

C38：讓我問你另外一個問題。請告訴我一些這個奇蹟的某些部分
　　　已經發生的時候。

K38：奇蹟還沒有發生。

C39：讓我來為你回顧一次你剛剛說到的奇蹟，幫忙你回想。

K39：好。

（摘要性陳述）

C40：你說到，跟你的朋友說話而不是欺負他們。你說叫他們的名
　　　字，不是嘲諷他們，是用他們的真正姓名來叫他們。你也跟
　　　我提到昨天幫忙媽媽做飯。奇蹟已經發生了——當你在幫忙

做墨西哥捲餅的時候。

K40 ：對。

C41 ：你是怎麼決定去做那些事情的呢？

K41 ：我只是試著做個好人、試著做個改變。我就這樣做了。

（心靈地圖）

C42 ：是的，但我想有些時候你會決定不要那樣做的，而你昨天決
定要做。那時，你是怎麼做出那個決定的呢？那個決定是怎
樣發生在你身上的呢？

K42 ：我那樣做，多數時候都是我覺得無聊的時候。沒有好看的電
視，或者因為我很餓、想吃東西。或者我就只是想要做個好
人。

C43 ：你知道，我也猜想你是想要做個好人，所以在你心中有這個
部分。

K43 ：對。

（振奮式引導）

C44 ：「做個好人」這件事是放在你的心靈裡的，而你有時候就是
會決定你想要做那樣的人。

K44 ：對，這跟我的生活有關。我在生活中充滿困惑，讓我就是會
想暴躁起來。

C45 ：我有一個猜想：即使是在你感到困惑的時候，如果你想要，
你仍然是能夠做一個好人的。

K45 ：對。

（心靈地圖）

C46 ：你擁有那樣的控制力呢。你是怎麼做到的呢？你是怎麼讓自
己成為好人的呢？

K46：我只是在自己的腦中說了大概 50 次:「做個好人、做個好
　　　人、做個好人。」

C47：噢,所以你告訴自己:「做個好人」像這樣嗎?這對你來說有
　　　效嗎?

K47：有。50 次,說了 50 次之後我就成為好人了。有時候,我只需
　　　要說 25 次就可以成為好人了。

C48：你是怎麼想到這個辦法的?

K48：我不知道。我只是有一天開始說那句話,然後這就幫助了
　　　我。

(振奮式引導)

C49：對,那是很神奇的。想一想:你竟然可以想到那個辦法。

K49：我是自己想到那個辦法的。

C50：你自己想到的!你不是因為看 Oprah 脫口秀的電視節目?

K50：沒有。就是我自己。

C51：你靠自己就想到那個辦法了。你一定非常聰明。

K51：我記得當我開始那樣說的時候,我想那是在去年,然後它就
　　　這樣發生了。我那時候很無聊,沒事可做,沒有卡通或任何
　　　節目,然後我就開始說:「做個好人、做個好人,不要去廚房
　　　燒東西。就只要乖乖待著。」

C52：非常棒!所以你有個工具。只要透過這樣告訴自己,你就可
　　　以讓你自己做個好人。藉由提醒你自己:「做個好人,做個好
　　　人。」

K52：對,說 25 次或 50 次。

(成功事例／問題的例外)

C53：那太厲害了!請你再告訴我一些其他時候,是你成功地讓這

個奇蹟為了你而發生的時候？

K53 ：我曾經說：「『不要做錯事』，因為你知道你可能就會被請吃一頓大餐。」而我喜歡被請客，我喜歡去外面用餐。我就也說了那句話好多好多次。

C54 ：所以你對自己說：「不要暴躁，要友善一點。」

K54 ：對，不要暴躁，要友善一點。

C55 ：然後，這樣做也就發揮效用了，因為接著你就被請客了。

K55 ：對。多數時候，我就只是說：「要友善一點，不要傷害到別人。」

（振奮式引導）

C56 ：要友善一點，不要傷到別人。哇，我真是印象深刻。所以當你能做到的時候，對你來說是有幫助的。那你跟人打招呼、用名字來叫你的朋友們，以及讓你不再欺負他們，也有幫助嗎？就是你對自己那樣說，對於讓你去做那些事情也有效果嗎？

K56 ：對，有時候我會對一個我們班很暴躁的傢伙好一點。

（循環關係問句）

C57 ：所以如果你對他好一點，會發生什麼事情呢？

K57 ：他就會對我友善。

C58 ：所以是可以由你這邊開始帶動這件事的？

K58 ：對。

（評量）

C59 ：另外要問你的一個問題是：如果我們有一個 0 到 10 分的量尺，0 分是指這個奇蹟從來沒有發生過，是你總會一直打架和欺負別人，總是一直如此，你對這件事情一點控制力都沒

有，這是 0 分。而 10 分，則是你總是能夠很友善。你覺得你
目前是在什麼位置上呢？

K59 ：我覺得我是在 5 分。

（振奮式引導與細節化）

C60 ：那很令人佩服呢。你是怎麼讓自己到達 5 分的呢？

K60 ：我以前總是很暴躁，一直到去年我開始在腦中對自己說那些
話啊。

C61 ：所以你說的是：「要友善一點，不要傷害到任何人。」

K61 ：對。然後，有時候我還是會失控，有時候就不會了。

（心靈地圖）

C62 ：有時候你會失控。但是告訴我，哪些時候是你快要失控但卻
沒有失控的時候？

K62 ：有一次我想要做某件事情而我媽不准，然後我差點要偷溜出
去，但後來卻沒有。

C63 ：等一下──你沒有偷溜！

K63 ：對。我已經走出去了喔，準備要穿過巷子、穿過後門。然
後，我就轉身、脫下夾克，走回屋裡。

C64 ：你沒有偷溜？

K64 ：對，我本來準備要做卻沒有做。

C65 ：所以平常你會溜出門？

K65 ：對。因為媽媽必須去店裡，當她說要離開兩個小時的時候，
我就會偷溜。我會去公用電話那裡打電話，花我 5 分鐘左
右；然後，回家會花大約 30 分鐘，然後，我就浪費了時間。

（心靈地圖）

C66 ：那一次你是怎麼做到的？你是怎麼決定不偷溜出去的？

K66 ：就折回來、脫掉夾克、走回屋裡，冷靜下來。

C67 ：我知道那是你做的事情，但你必須做出一個決定讓你可以那樣做，不是嗎？

K67 ：喔，對。我只是想說我可能會惹上麻煩。因為有時候我媽媽說她會兩小時回來，其實是她希望看我有沒有偷溜，她騙我是因為她不希望我去別的地方。然後，她就會提早回家說：「Kasey 在家嗎？他不應該在我不在的時候跑出去啊！」

C68 ：喔，我懂了。換句話說，你決定了你不想要惹上麻煩！那對你來說是和平常不同的做法，不是嗎？

K68 ：對。我只有五次是這樣做的。

C69 ：噢，那很多次呢！很多次。因為你不想要惹上麻煩。

K69 ：對。

（振奮式引導）

C70 ：你知道嗎，這還告訴了我某些關於你的事情，那讓我知道你尊重你的媽媽和你自己。

K70 ：對。有時候，我會在她告訴我不要偷溜出去的時候溜出去。

C71 ：但是那五次是有不一樣的，因為你能夠決定自己要聽話、要顯示出尊重、要顯示你足夠在乎自己，不要讓自己惹上麻煩。那說明了當你想要的時候，你是可以做到的。你這次是怎麼做到、怎麼讓它發生的呢？

K71 ：我不知道。好像是為了某種理由我就那樣做了，就像是個奇蹟。通常我偷溜出去是在她有告訴我不要偷溜出去的時候，但她因為忘了帶卡片或什麼東西提早回來。然後，我回家的時候她早就在家裡……哎呀！那我就有麻煩了。

（「接受擁有權」的處遇方法）

C72 ：對，不過你之前也有想過這些想法，不是嗎？然後你還是跑
　　　出去，不是嗎？

K72 ：對。

C73 ：所以情況一定有不一樣了啊。

K73 ：我只是懶得再惹上麻煩了。

C74 ：所以，在你仔細思考之後……

K74 ：對，當我在她出門前有好好想過的那些時候。我會在她出門
　　　前坐在前廊思考：「我想惹上麻煩，或者我不想有麻煩呢？」
　　　然後我決定我不想惹上麻煩，我就會脫下外衣、站起來、走
　　　回屋裡並掛上夾克。

C75 ：你在思考後果。思考：「如果我這樣做，我知道後果會是什
　　　麼——我會讓自己惹上麻煩，而且那是不值得的。」

K75 ：對。

（心靈地圖）

C76 ：你是怎麼讓自己能思考後果的呢？

K76 ：我就是這樣做了。

（細節化）

C77 ：對，但你知道嗎，你說的事情讓我知道，有些時候你沒有那
　　　樣做，但是有些時候你會那樣做。所以，是有差異存在
　　　的。而真正重要的事情是，如果你知道那個差異是什麼，你
　　　就可以再一次去做。

K77 ：然後再一次、又再一次、又再一次！

C78 ：看到那有多麼重要了嗎？所以，你是怎麼做到的呢？你是怎
　　　麼讓自己在做之前先想一想的呢？

K78 ：我就只是開始想這件事，想想當我惹上麻煩的時候是什麼樣

子。而且如果我那樣做，我會得到處罰。有時候，當我無聊的時候，我並不想讓自己惹上麻煩，因為那樣隔天情況會變得一團糟——我朋友提早回來，喔不，我還被困在家裡！

C79 ：所以你也不想讓你的朋友們失望？

K79 ：對。

C80 ：還有你自己？

K80 ：對，還有我媽媽。

C81 ：所以你不想讓你自己、你的朋友們，或你媽媽失望。

K81 ：對。我也不想讓我爸爸失望。當我做那些事情的時候，我感覺很好。

（提升量尺分數的處遇方法）

C82 ：太棒了。那麼當你在 6 分時，那時的你會是在做什麼事情呢？你現在是在 5 分。

K82 ：很努力。努力做個好人。

（心靈地圖）

C83 ：那麼，你會怎麼讓自己更好呢？你需要做些什麼事情呢？

K83 ：繼續說：「不要做這件事，如果你做了，你將會惹上麻煩。」

C84 ：思考後果？

K84 ：對。

（標示地雷區）

C85 ：如果有一個你的哥兒們、你的朋友開始對你很暴躁，但是你有思考這些想法而且表現很友善的時候，那麼會發生什麼事呢？你會怎麼讓自己保持友善的呢？

K85 ：不在他們旁邊晃。

C86 ：不在他們旁邊晃？

K86 ：就不在他們旁邊晃，直到他們改變。

C87 ：那會有效嗎？

K87 ：會。

（結束當次晤談之陳述）

C88 ：Kasey，你知道，我真的對你在這裡告訴我的所有事情感到印
象很深刻。你真的知道什麼事情對你是有幫助的。當你想要
為自己負責的時候，你擁有一些很棒的控制力。在那方面你
真的很棒。接下來我將用幾分鐘彙整我的思緒，讓我可以寫
一則筆記給你。在這之前，還有沒有任何事情是你需要讓我
知道的呢？

K88 ：就我所知是沒有了。

作為此練習活動的一部分，現在請你寫一則訊息給 Kasey，並將你所
寫的訊息與我寫給 Kasey 的訊息做比較。

● 給 KASEY 的訊息

讚美

我非常驚訝，你很明白必須做什麼來避免暴躁待人和打架的行
為。當你用名字來稱呼你的哥兒們、和他們說話而非欺負他們，以及
跟他們一起玩，對於讓情況保持和平是有效的。

你也了解，如果你早晨時自己起床、醒來後向家裡的每個人打招
呼、幫媽媽煮晚餐、像對待朋友那樣對待家人的話，你會變得更快
樂。如果你做這些事情，你想他們也會對你更好來回報你。

我真的對於你在心裡告訴自己：「要友善，不要傷害到任何人」

25 到 50 次來避免麻煩的這個能力，感到印象很深刻。對於做出會讓你惹上麻煩的事情後果，像是偷溜出家門，你思考的能力已經顯示了你懂得尊重你自己、你的母親、父親以及你的朋友，並且說明了你並不想讓他們失望。

橋梁陳述

由於你渴望改善你和朋友、家人的關係，我希望你

任務

多多注意當你對家人和朋友們好一點時所做的事情，讓你移動到 6 分的時刻。

請注意：上述訊息中加入「讚美」、「橋梁陳述」與「任務」這幾個語詞，乃基於教學的目的；在 Kasey 實際收到的訊息內容裡是沒有包含這幾個語詞的。

附　錄

 焦點解決引導式心像

　　「焦點解決引導式心像」採用引導式心像技術，導引參與者體驗含有 13 個步驟的焦點解決「旅程」，來和重複發生的問題進行對話。這 13 個步驟中，大部分步驟都需要視覺化的反應；其中有三個步驟會使用評量技術；還有一個步驟需要參與者寫一則簡短的訊息給自己，摘要其於活動中的發現和收穫。

● 焦點解決引導式心像之指導語

　　參與本活動者，每人需要一本 13 頁的小冊子，然後在這活動過程中記下自己對於每一個步驟的反應。這本冊子約為 A4 紙張的一半大小，每頁上方都印有一個步驟的指導語，下方則留有書寫的空間。你可以直接影印或放大印出本附錄所呈現之焦點解決引導式心像的各頁指導說明，製成活動的小冊子。

　　活動開始時，請先將下面段落的「活動綜述」誦讀一遍，接著再一步步地完成這 13 個步驟。對於需要視覺化歷程的幾個步驟，請先唸出指導語的第一部分，讓參與者了解他們要在心中描繪的圖像為何，接著給參與者約一分鐘的時間，進行該步驟所要求的視覺化內容。之後，再請參與者將心中想到的內容寫在該頁下方的空白處。此外，請參與者寫完時抬頭看前方，表示自己已經完成。這 13 個步驟的順序如下：

1. 評量。

2. 目標設定。

3. 奇蹟問句。

4. 「還有呢」問句。

5. 循環關係問句。

6. 反向循環關係問句。

7. 成功事例。

8. 細節化。

9. 振奮式引導。

10. 評量。

11. 提升量尺分數的處遇方法。

12. 訊息。

13. 評量。

　　在完成此活動之際，你可以催化參與者以團體的形式分享他們從這個練習所獲得的收穫；也可以徵求自願者分享他在第 12 步驟所寫的心得，討論其分數是如何產生變化的，以及為了更進一步改善，他們會繼續做的事情是什麼。需注意，參與者在第 1 步驟所打的分數可作為自陳式的前測測量，而於第 13 步驟所打的分數則作為自陳式的後測測量。

● 活動綜述

　　在每位參與者都拿到小冊子並確認已準備好要開始時，請誦讀以下內容，好讓參與者大致了解整個活動的情況。

　　在這個活動中，我們會以一個流程來幫助你處理一個在生活中重複發生、而你願意處理的問題。所謂的「問題」，可以是你希望自己停止繼續做的事情，或是你希望自己能做到一些現在沒有做到的事情。在這個活動過程中，你會獲得指示，引導你一個步驟一個步驟地前進。

　　你手中拿到的小冊子，每頁都有這個活動每個特定步驟的指導語，每頁下方也有留有空白的空間讓你寫下你的反應與想法。在這活動中大部分的步驟裡，我會邀請你閉上眼睛，根據我描述的情境想像和你有關的圖像，讓這些圖像與情境在你心中動態視覺化。之後，我會給你一些時間寫下你的反應。當你寫完對這個步驟的反應時，請你抬頭向前看，這樣我就可以知道，何時可以再唸下一個步驟的指導語了。

　　在我們開始之前，容我提醒一下，當我請你確認一些特定的事情或者你會做的行動時，你需要用可以觀察的、有具體細節的行為來回應，這是很重要的原則。舉例來說，不要只是說「我會很友善」，你需要很具體地描述，你會展現什麼行為來顯示你是很友善的，比方說「我會微笑，說哈囉，和別人握手」。描述你會做什麼行動，就像你看到自己正在一場電影裡面演出一樣。請記得，當你寫完對這個步驟的反應時，請記得抬頭向前看。

▌步驟 1

　　請閉上眼睛，想像一個在你生活中重複發生的問題，如剛剛所說，這個問題可以是你希望自己停止繼續做的事，或是希望自己能做到的一些事情。你希望你能克服這個問題，或者能更有效地因應這個挑戰。

　　在一個 0 到 10 刻度的量尺上，0 代表這問題最為嚴重糟糕的時候，而 10 代表這問題全然消失的時候。你現在在幾分的位置呢？請在這一頁的量尺上，將代表你目前的分數圈起來。

　　我的分數是（請圈選一個）：

問題最糟時　　　　　　　　　　　　　　　　　　問題消失時

0　　　1　　　2　　　3　　　4　　　5　　　6　　　7　　　8　　　9　　　10

▌步驟2

　　請閉上眼睛。如果你的問題是關於你希望自己停止繼續做某一件事，那麼請想像一下，當你停止時，取而代之的你會做什麼事情；如果你問題是關於你希望自己能做到一些事，那麼請想像一下，當你在做的時候你會觀察到自己在做什麼具體的行為。不管是哪一種，請將你所想的內容視覺圖像化，就好像看到你自己在影片裡演出行動一般。請記得，要專注想像你「會做」的行為（而不是你不會做的事情）。

　　當你在心裡想像了你會做的行為圖像後，請在這頁下方空白處寫下你對行為圖像的描述。請記得，所寫的描述內容是你「會做」的行為，而不是你不會做的。

▌步驟 3

　　請繼續閉上眼睛，想像今天晚上你睡覺時有一個奇蹟發生了，而這個奇蹟解決了你的問題。但是由於你睡著了，你並不知道奇蹟已經發生了。當你醒來時，你會注意到的第一個小訊號是什麼，向你顯示奇蹟已經發生了？你會注意到自己正在做什麼不一樣的行為？請建構一個奇蹟發生後的心理圖像，圖像中包含了你會執行的特定行為動作。

　　請在下列空白處簡要描述這個心理圖像，指出你會去做的不一樣的行為。

_____

_____

_____

_____

_____

_____

_____

_____

_____

_____

_____

_____

步驟 4

　　請繼續閉上眼睛在心裡想像，當奇蹟發生後，你還注意到自己會有什麼不一樣的行為、想法或語言表達。

　　請簡要寫下你還會注意到自己的哪些不同。

_____

_____

_____

_____

_____

_____

_____

_____

_____

_____

_____

_____

_____

_____

_____

_____

步驟 5

　　請繼續閉上眼睛想像一下，誰會注意到你做了這些不一樣的行為；以及請你想像，當他們注意到你這個行為上的改變時會有什麼反應。

　　請在下列空白處，描述你所想像到的，他們會有的反應為何。

_____

_____

_____

_____

_____

_____

_____

_____

_____

_____

_____

_____

_____

_____

_____

_____

_____

步驟 6

　　請繼續閉上眼睛想像一下，對於上個步驟中提到的人對你新行為的反應，你又會接著做什麼來回應。

　　請在下列空白處，描述你所想像到的，你會對他們的回應。

_____

_____

_____

_____

_____

_____

_____

_____

_____

_____

_____

_____

_____

_____

_____

_____

_____

_____

▌步驟 7

　　請繼續閉上眼睛在心中想像一段時間，在這段時間裡，雖然你生活中有這個問題，但也發生了奇蹟的一小部分，即使只發生了一點點。

　　請寫下你所想到的內容。

_____

_____

_____

_____

_____

_____

_____

_____

_____

_____

_____

_____

_____

_____

_____

_____

_____

_____

▌步驟 8

　　請繼續閉上眼睛在心裡想像，你是如何能在問題仍存在的時候，還能使這一些些的部分奇蹟發生的。有可能是因為你的思考或行動有不同之處。

　　請寫下你想到，你為了使部分奇蹟發生所做的思考與行動。

_____

_____

_____

_____

_____

_____

_____

_____

_____

_____

_____

_____

_____

_____

_____

_____

█ 步驟 9

　　請繼續閉上眼睛，想想自己對於那時候的努力，現在的你有多麼高興。

　　請在下列空白處，寫下你對於自己那樣努力而能讓部分奇蹟發生，你的想法是什麼。

_____

_____

_____

_____

_____

_____

_____

_____

_____

_____

_____

_____

_____

_____

_____

_____

步驟 10

在一個 0 到 10 刻度的量尺上，0 代表這問題最為嚴重糟糕的時候，而 10 代表這問題全然消失的時候。你現在在幾分的位置呢？

我的分數是（請圈選一個）：

問題最糟時   問題消失時

0   1   2   3   4   5   6   7   8   9   10

你做了什麼事情讓自己能到達這個分數？請在下列空白處，描述你幫助自己到達這個分數所做的具體行為或想法。

_____

_____

_____

_____

_____

_____

_____

_____

_____

_____

_____

_____

▍步驟 11

　　請繼續閉上眼睛在心裡想像：當你在量尺上到達了一個更高的數字，你會在做什麼特定的事情是現在所沒有做的呢？

　　請在下列空白處，具體描述你所想像到的特定、可觀察的行為。

_____

_____

_____

_____

_____

_____

_____

_____

_____

_____

_____

_____

_____

_____

_____

_____

_____

▋步驟 12

　　請為自己寫下一段心得，是關於你對自己或情況的新發現，或再次被提醒之處。以下空白處若不夠寫的話，可以翻到背面繼續寫。

_____

_____

_____

_____

_____

_____

_____

_____

_____

_____

_____

_____

_____

_____

_____

_____

_____

_____

▌步驟 13

　　在一個 0 到 10 刻度的量尺上，0 代表這問題最為嚴重糟糕的時候，而 10 代表這問題全然消失的時候。你現在在幾分的位置呢？請在本頁的量尺上，將代表你目前的分數圈起來。

　　我的分數是（請圈選一個）：

問題最糟時　　　　　　　　　　　　　　　　　問題消失時

0　　1　　2　　3　　4　　5　　6　　7　　8　　9　　10

參考文獻

Altarriba, J., & Bauer, L. M. (1998). Counseling the Hispanic client: Cuban Americans, Mexican Americans, and Puerto Ricans. *Journal of Counseling and Development, 76*(4), 389–395.

American School Counselors Association. (2012). *The ASCA national model: A framework for school counseling programs* (3rd ed.). Alexandria, VA: Author.

Aviles, R. M. D., Guerrero, M. P., Horwarth, H. B., & Thomas, G. (1999). Perceptions of Chicano/Latino students who have dropped out of school. *Journal of Counseling and Development, 77*(4), 465–473.

Berg, I. K. (1994). *Family based services: A solution-focused approach.* New York: Norton.

Berg, I., & Miller, S. (1992). *Working with the problem drinker.* New York: Norton.

Berg, I. K., & Steiner, T. (2003). *Children's solution work.* New York: Norton.

Biafora, F. A. Jr., Taylor, D. L., Warheit, G. J., Zimmerman, R. S., & Vega, W. A. (1993). Cultural mistrust and racial awareness among ethnically diverse black adolescent boys. *Journal of Black Psychology, 19,* 266–281.

Blackwell, A. (1997). Create-a-puppet. In H. Kaduson & C. Schaefer (Eds.), *101 favorite play therapy techniques* (pp. 194–198). Northvale, NJ: Jason Aronson.

Bruce, M. A. (1995). Brief counseling: An effective model for change. *The School Counselor, 42*(5), 353–364.

Campbell, P. R. (1994). Population projections for states, by age, race, sex, and Hispanic origin: 1993 to 2020. *Current Population Reports,* Series P25–111. Washington, DC: U.S. Bureau of the Census.

Corcoran, J. (2006). A comparison group study of solution-focused therapy versus "treatment as usual" for behavior problems in children. *Journal of Social Science Research, 30,* 69–81.

Cook, J. B., & Kaffenberger, C. J. (2003). Solution shop: A solution-focused counseling and study skills program for middle school. *Professional School Counseling, 5,* 116–124.

DeJong, P., & Berg, I. K. (1998). *Learner's workbook for interviewing for solutions.* Pacific Grove, CA: Brooks/Cole.

de Shazer, S. (1985). *Keys to solution in brief therapy*. New York: Norton.

de Shazer, S. (1987, September/October). Minimal elegance. *The Family Therapy Networker, 11*(8), 57–60.

de Shazer, S. (1988). *Clues: Investigating solutions in brief therapy*. New York: Norton.

de Shazer, S. (1990). *How to establish well-formed goals in solution-focused brief therapy* (The Solution-Focused Brief Therapy Audiotape Series). Milwaukee, WI: Brief Family Therapy Center, P. O. Box 13736.

de Shazer, S., & Molnar, A. (1964). Four useful interventions in brief family therapy. *Journal of Marital and Family Therapy, 10*(3), 297–304.

Franklin, C., Biever, J., Moore, K., Clemons, D., & Scarmado, M. (2001). The effectiveness of solution focused therapy with children in a school setting. *Research on Social Work Practice,* 411–433.

Franklin, C., Moore, K., & Hopson, L. (2008). Effectiveness of solution-focused brief therapy in a school setting. *Children & Schools, 30*(1), 15–26.

Guterman, J. T. (2013). *Mastering the art of solution-focused counseling* (2nd ed.). Alexandria, VA: American Counseling Association.

Guterman, J. T. (2006). *Mastering the art of solution-focused counseling*. Alexandria, VA: American Counseling Association.

Hatch, T. (2013). *The use of data in school counseling: Hatching results for students, programs, and the profession*. Thousand Oaks, CA: Corwin.

Holcomb-McCoy, C. C. (2001). Exploring the self-perceived multicultural counseling competence of elementary school counselors. *Professional School Counseling, 4*(3), 195–201.

Hosford, R. I., Moss, C. S., & Morrell, G. (1976). The self-as-a-model technique: Helping prison inmates change. In J. D. Krumboltz & C. I. Thoreson (Eds.), *Counseling methods* (pp. 487–495). New York: Holt, Rinehart & Winston.

Kelly, M. S., Kim, J. S., & Franklin, C. (2008). *Solution-focused brief therapy in schools: A 360-degree view of research and practice*. New York: Oxford University Press.

Kim, J. S. (2008). Examining the effectiveness of solution-focused brief therapy: A meta-analysis. *Research on Social Work Practice, 18,* 107–116.

Kim, J. S., & Franklin, C. (2009). Solution-focused brief therapy in schools: A review of the outcome literature. *Children and Youth Services Review, 31*(4), 464–470.

Kral, R. (1994). *Solution-focused methods for school problems* (A Brief Family Therapy Audiotape). Milwaukee, WI: Brief Family Therapy Center, P. O. Box 13736.

LaFountain, R. M., Garner, N. E., & Eliason, G. T. (1996). Solution-focused counseling groups: A key for school counselors. *The School Counselor, 43*(4), 256–267.

Littrell, J. M., Malia, J. A., & Vanderwood, M. (1995). Single-session brief counseling in a high school. *Journal of Counseling and Development, 73,* 451–458.

McBrayer, M. H., & Chibbaro, J. S. (2012). Integrating sand tray and solution-focused brief counseling as a model for working with middle school students. *Georgia School Counseling Association Journal, 19*(1), 124–132.

Metcalf, L. (1995). *Counseling toward solutions.* Englewood Cliffs, NJ: Center for Applied Research in Education.

Metcalf, L. (2001). The parent conference: An opportunity for requesting parental collaboration. *Canadian Journal of School Psychology, 17*(1), 17–25.

Murphy, J. (1994). Working with what works: A solution-focused approach to school behavior problems. *The School Counselor, 42*(1), 59–65.

Newsome, W. S. (2004). Solution-focused brief therapy groupwork with at-risk junior high school students: Enhancing the bottom line. *Research on Social Work Practice, 14*(5), 338–343.

O'Hanlon, W. H., & Weiner-Davis, M. (1989). *In search of solutions: A new direction in psychotherapy.* New York: Guilford.

Osborn, C. J. (1999). Solution-focused strategies with "involuntary" clients: Practical applications for the school and clinical settings. *Journal of Humanistic Education and Development, 37,* 169–181.

Pelsma, D. M. (2000). School counselors' use of solution-focused questioning to improve teacher work load. *Professional School Counseling, 4*(1), 1–5.

Phelps, R. E., Taylor, J. D., & Gerard, P. A. (2001). Cultural mistrust, ethnic identity, racial identity, and self-esteem among ethnically diverse black university students. *Journal of*

Counseling and Development, 79(2), 209–216.

Ratner, H., George, E., & Iveson, C. (2012). *Solution focused brief therapy: 100 key points and techniques*. London and New York: Routledge.

Robinson, T. L., & Ginter, E. J. (Eds.). (1999). Racism healing its effects. [Special Issue]. *Journal of Counseling and Development, 77*(1).

Saadatzaade, R., & Khalili, S. (2012). Effects of solution-focused group counseling on student's self-regulation and academic achievement. *International Journal for Cross-Disciplinary Subjects in Education, 3*(3), 780–787.

Selekman, M. D. (1997). *Solution-focused therapy with children: Harnessing family strengths for system change*. New York: Guilford.

Sklare, G. B. (2000). Solution-focused brief counseling strategies. In J. Carlson & L. Sperry (Eds.), *Brief therapy with individuals and couples* (pp. 437–468). Phoenix, AZ: Zeig, Tucker & Theisen.

Sklare, G. B., Sabella, R., & Petrosco, J. (2003). A preliminary study of the effects of group solution-focused guided imagery on reoccurring individual problems. *Journal for Specialist in Group Work, 28*(4), 371–381.

Starks, M. D., Frels, R. K., & Garza, Y. (2011). The use of sand tray in solution-focused supervision. *The Clinical Supervisor, 30*(2), 277–290.

Taylor, E. R. (2009). Sand tray and solution-focused therapy. *International Journal of Play Therapy, 18,* 56–58.

Thompson, R., & Littrell, J. M. (1998). Brief counseling for students with learning disabilities. *Professional School Counseling, 2*(1), 60–67.

Walter, J. L., & Peller, J. E. (1992). *Becoming solution-focused in brief therapy*. New York: Brunner/ Mazel.

Weiner-Davis, M., de Shazer, S., & Gingerich, W. J. (1987). Using pretreatment change to construct a therapeutic solution: A clinical note. *Journal of Marital and Family Therapy, 13*(4), 359–363.

Yalom, I. (1995). *The theory and practice of group psychotherapy*. New York: Basic Books.

國家圖書館出版品預行編目（CIP）資料

學校輔導中的焦點解決短期諮商／Gerald B. Sklare 著；
　許維素、陳宣融譯. --三版. -- 新北市：心理, 2019.04
　　面；　公分. --（焦點解決系列；22315）
　　譯自：Brief counseling that works: a solution-focused
therapy approach for school counselors and other mental
health professionals, 3rd ed.
　　ISBN 978-986-191-862-4（平裝）

1. 諮商　　2. 教育輔導　　3. 中小學教育

523.7　　　　　　　　　　　　　　　　　　108003893

焦點解決系列 22315

學校輔導中的焦點解決短期諮商（第三版）

作　　者：Gerald B. Sklare
譯　　者：許維素、陳宣融
執行編輯：林汝穎
總 編 輯：林敬堯
發 行 人：洪有義
出 版 者：心理出版社股份有限公司
地　　址：231026新北市新店區光明街288號7樓
電　　話：(02) 29150566
傳　　真：(02) 29152928
郵撥帳號：19293172 心理出版社股份有限公司
網　　址：https://www.psy.com.tw
電子信箱：psychoco@ms15.hinet.net
排 版 者：菩薩蠻數位文化有限公司
印 刷 者：辰皓國際出版製作有限公司
初版一刷：2006 年 12 月
三版二刷：2022 年 11 月
I S B N：978-986-191-862-4
定　　價：新台幣 280 元